100 GLORIAS DE MÉXICO

100 GLORIAS DE MÉXICO

ALBERTO LATI

ILUSTRADO POR LUIS ATILANO

El papel utilizado para la impresión de este libro ha sido fabricado a partir de madera
procedente de bosques y plantaciones gestionadas con los más altos estándares ambientales,
garantizando una explotación de los recursos sostenible con el medio ambiente y beneficiosa para las personas.

100 glorias de México
De niños a campeones

Primera edición: mayo, 2024

D. R. © 2024, Alberto Lati

D. R. © 2024, derechos de edición mundiales en lengua castellana:
Penguin Random House Grupo Editorial, S. A. de C.V.
Blvd. Miguel de Cervantes Saavedra núm. 301, 1er piso,
colonia Granada, alcaldía Miguel Hidalgo, C.P. 11520,
Ciudad de México

penguinlibros.com

D. R. © 2024, Luis Guzmán Atilano, por las ilustraciones de interiores y portada

D. R. © 2024, Colin Landeros, por el diseño editorial y de portada

ISBN: 978-607-384-513-7

Impreso en México – *Printed in Mexico*

A mi papá
En su memoria y a su gloria
Por su inspiración y ejemplo
A cada renglón en su recuerdo

RUMBO
A LA GLORIA

Sabíamos que ellos elevaron nuestra bandera al cielo. Sabíamos que su imagen en la cima ha inspirado a generaciones y generaciones de mexicanos. Sabíamos que ellos quitaron límite a nuestros sueños, que probaron que de nosotros depende apuntar a lo máximo, que nos convencieron de la excelencia como posibilidad.

No sabíamos, o al menos no con precisión, cuánto pelearon para encaramarse a lo más alto, por cuánto pasaron y padecieron, de dónde surgieron y cómo crecieron. Dolores, obstáculos, tormentos, rechazos que engrandecen todavía más sus hazañas al teñirlas de resiliencia.

Para algunos desde niveles de marginalidad en donde el hambre y las carencias asomaron como primera justificación para no llegar. Y, sin embargo, tuvieron la capacidad para utilizar esas condiciones extremas como plataforma de propulsión y no como excusa.

La gloria pese a todo, habiendo tantas razones para explicar el fracaso o el nulo intento. Pese a un esquema deportivo marcado por la falta de apoyo en el que muchos de quienes destacan no lo hacen gracias al sistema, sino subsistiendo al mismo. Pese a requerir de inmensos sacrificios familiares. Pese a competir contra deportistas de otros países arropados por circunstancias mucho más benévolas y adecuadas. Pese a prejuicios internacionales e incluso discriminaciones. Pese a la cantidad de ocasiones que tuvieron que escuchar que la cúspide no era para ellos y pese a la necesidad de domar en su interior esa resignada voz que sugería el abandono. Pese a la tentación de claudicar para vivir infancias, adolescencias, juventudes normales. Pese a la lesión que amenazaba con terminar el camino. Pese a tantas injusticias.

Cien ejemplos de que se puede. Cien muestras de que, ante todo emprendimiento o anhelo, conformarse nunca es opción. Cien casos en apariencia distintos, aunque tan idénticos en el factor lucha, persistencia, deseo. Cien exposiciones del tan característico ingenio mexicano.

Tributo también al espíritu guerrero de esta tierra. Aquí ha nacido el pícher que llegó a Cy Young, y el goleador que fue Bota de Oro, y el mejor boxeador libra por libra, y la raquetbolista más laureada de la historia, y el tenista que alcanzó el número uno de la Asociación de Tenistas Internacionales (ATP), y la golfista que se retiró como reina, y un *champion bat* de Grandes Ligas, y la *quarterback* que rompe paradigmas. Glorias que han hecho sonar nuestro himno en premiaciones olímpicas y paralímpicas lo mismo en Sídney que en Wembley, en Melbourne o Beijing, en México que en Los Ángeles. Campeones que se han cubierto la espalda con nuestra bandera para recibir la orejona de la Champions League, el Vince Lombardi tras un Super Bowl, mundiales sub-17 de la FIFA, el Larry O'Brien de la NBA, el Commissioner's Trophy al conquistar una Serie Mundial, torneos de Grand Slam, el Gran Premio más emblemático de la Fórmula 1 como lo es el de Mónaco.

En estas páginas también desfilan, al lado de algunas de estas glorias, personajes medulares del siglo XX mexicano: Pedro Infante y Luis Spota, José Alfredo Jiménez y Agustín Lara, Venustiano Carranza y Lázaro Cárdenas, Blue Demon y El Santo. Además, episodios históricos como la invasión estadounidense de Veracruz o la Revolución mexicana, la guerra civil española o el golpe de Estado chileno.

Como he dicho antes, cuando publiqué los tres hermanos de estas *100 glorias de México* (los libros *100 genios del balón*, *100 dioses del Olimpo*, *Genios de Qatar*), en este ejemplar no se reúnen todas las glorias mexicanas que han existido, pero sin duda sí son glorias todas las que están aquí. Y con un añadido muy especial: he tenido el privilegio de conversar con la abrumadora mayoría de estos cien personajes o, de ya haber fallecido, con quienes de cerca presenciaron su vida y entereza. Conocer de primera mano anécdotas inéditas, curiosidades, relatos que permanecieron ocultos por décadas y tendían a extraviarse, para dar lugar a estos textos.

Y, mientras estas cien historias se imprimían, nuevas gestas se escriben. Jaime Jáquez Jr., en su deslumbrante temporada debut en la NBA; Cecilia Tamayo, como la mexicana más rápida en 100 y 200 metros; Isaac del Toro, como campeón del Tour de Francia juvenil; Osmar Olvera, como figura emergente en clavados. Promesas que, esperemos, pronto sean confirmaciones narradas en más libros de esta colección.

¡A leer e ilusionarnos con estas cien estampas espléndidamente ilustradas por Luis Atilano! ¡A conmovernos y emocionarnos! ¡A valorar el esfuerzo de estos titanes y dejar que nos contagie! ¡A recalcar que en el inicio ha sido la tenacidad! A entender que en ella se esconde el milagro consumado por nuestras cien glorias: soñar despiertos y con los ojos abiertos en la mismísima realidad.

BALDOMERO ALMADA
EL PIONERO

NACIÓ EL 7 DE FEBRERO DE 1913
MURIÓ EL 13 DE AGOSTO DE 1988
PRIMER MEXICANO EN GRANDES LIGAS
RÉCORD DE NUEVE CARRERAS ANOTADAS EN UN DÍA (1937)
JUGÓ EN BOSTON, WASHINGTON, ST. LOUIS Y DODGERS

La gubernatura de Baja California esperaba a don Baldomero en 1920. Oportunidad soñada de equipararse a su célebre abuelo, José María Almada, millonario de la industria minera que en el siglo XIX gobernara el Estado de Occidente (los actuales Sonora y Sinaloa).

De cara a la toma de posesión, su esposa, Amelia, regresó junto con sus ocho hijos de Estados Unidos, a donde se habían mudado en 1914 escapando de la Revolución mexicana. Sin embargo, Baldomero fue recibido por el anterior gobernador atrincherado con un ejército. A punta de pistola, se negó a cederle el cargo. Como premio de consolación, el presidente Álvaro Obregón lo nombró cónsul en Los Ángeles.

Los Almada cruzaron de vuelta la frontera hacia el norte, esta vez para quedarse. Sus dos hijos varones, José Luis y Baldomero Jr., serían rebautizados inglesamente en la escuela. Al primero lo llamarían Lou. Al segundo, seis años menor, Mel.

Cuando Lou ya jugaba beisbol y se auguraba su irrupción en las Ligas Mayores con los New York Giants se lesionó. Mel brillaba en más deportes, habiendo impuesto récord californiano en salto de longitud y destacado como corredor en futbol americano colegial. Quizá la idea de completar la misión de su hermano o competir con él por ser el primer mexicano en la Gran Carpa, lo inclinó a la pelota caliente.

Los Boston Red Sox supieron de su poderío y lo buscaron. Negociaron la contratación con su hermano (porque Mel era aún menor de edad) y lo hicieron debutar a los veinte años. Siendo novato le correspondería el honor de conectar el último hit a Babe Ruth como pícher. Todo un hito para un muchacho tan beisbolero que entre turnos al bate no se despegaba del radio escuchando cuanto partido se disputara. Adquirió fama una frase luego de su enésimo robo de base: "Veloz como el viento que sopla en el desierto de su natal Sonora".

Su condición de pionero implicó dificultades. Mel se quejaría de que los pícheres le tiraban al cuerpo por ser mexicano y en varios medios debatieron si debía autorizarse el registro de un hispano (en esa época los afroamericanos estaban vetados, barrera del color que Jackie Robinson rompería hasta 1947).

En 1938, cerca del final de sus siete años en las Grandes Ligas de Beisbol (MLB), batearía imparables en 54 de 56 juegos. Más allá del diamante, se enlistaría en la armada estadounidense en la Segunda Guerra Mundial y también aparecería en algunas películas de Hollywood.

El caos de la Revolución mexicana dejó a Baldomero padre sin gubernatura. Gracias a eso, efecto de la migración, Baldomero hijo puso nuestra bandera en la meca del beisbol.

HUMBERTO MARILES

EL CORONEL Y SU AMOR TUERTO

NACIÓ EL 13 DE JUNIO DE 1913
MURIÓ EL 7 DE DICIEMBRE DE 1972
2 OROS Y 1 BRONCE EN LONDRES 1948
GANADOR DE LOS MAYORES TORNEOS EN EUA
CAMPEÓN EN JUEGOS CENTROAMERICANOS
Y PANAMERICANOS

El primer llanto de Humberto se mezcló con frenéticos ruidos de caballos galopando y relinchando, días marcados en Parral por la Revolución mexicana.

La División del Norte, encabezada por Pancho Villa, asediaba el estado de Chihuahua del que al cabo de unos meses el propio Villa sería gobernador provisional.

En la casona de los Mariles, de profunda tradición militar y relacionada con el general Venustiano Carranza, los niños se criaban como soldados. Con nociones de estrategia y orden, Humberto montó a caballo casi antes de caminar.

Con doce años, lo inscribieron al Colegio Militar bajo estricta indicación de su padre, el coronel Antonio Mariles, quien no concebía que su hijo creciera alejado de cuanto acontecía en tan alborotado país.

Su disciplina, audacia y talento como jinete lo llevarían a apurar como nadie los ascensos de rango en dicha institución.

A los 22 años tomaría tal fama al coronarse en los Centroamericanos en El Salvador, que el presidente Lázaro Cárdenas le encomendó una misión: desplazarse a los Juegos Olímpicos de Berlín 1936 para analizar el trabajo de las principales potencias ecuestres y desarrollar el proyecto mexicano.

Así confeccionó un plan rumbo a los Juegos Olímpicos de Tokio 1940, mas la irrupción de la Segunda Guerra Mundial obligó a posponerlo ocho años.

Para 1948 el ya coronel Mariles era muy respetado gracias a sus triunfos en los mayores eventos hípicos. Sin embargo, al inicio del año olímpico se topó con un caballo tuerto llamado Arete y, para incomprensión general, sustituyó con él a Resorte, corcel con el que acumulaba varias gestas.

A semanas de dejar México para la gira europea que antecedería a los Juegos de Londres, todo colapsaba. El presidente Miguel Alemán le exigía cancelar su participación olímpica, argumentando que no quería ridículos, quizá alertado de que Arete carecía de visión en el ojo izquierdo.

Desacatando a la máxima autoridad y exponiéndose a un juicio militar, Mariles adelantó el viaje. Fue detenido en Roma por el embajador mexicano, a quien solo logró convencer de no mandarlo de vuelta a México con victorias en diversas justas. Pese a ello, Humberto sabía que el perdón definitivo dependía de conquistar Londres.

En las instalaciones ecuestres de Aldershot, Mariles se convertiría en el, hasta ese momento, mejor saltador a caballo en la historia olímpica. Dos oros y un bronce, con Arete reverenciado en todo el planeta.

Acariciaría otra presea en Helsinki 1952, pero tendría un triste desenlace: personaje digno de tragedia griega, moriría en 1972 en una cárcel de París.

LUIS DE LA FUENTE

EL PIRATA JAROCHO

NACIÓ EL 17 DE ENERO DE 1914
MURIÓ EL 28 DE MAYO DE 1972

5 TÍTULOS DE LIGA CON ESPAÑA, MARTE Y VERACRUZ

2 TÍTULOS DE COPA CON AMÉRICA Y VERACRUZ

PRIMER MEXICANO EN UN CLUB EUROPEO

Esa joven pareja de inmigrantes españoles, Josefa y Segundo, se miraba con pavor. Con brazos temblorosos arrullaban a Luisito, criatura de tres meses, como si sus mimos lo protegieran de los peligros que asomaban por la ventana. Desde ahí veían la fortaleza de San Juan de Ulúa y, tras ella, la llegada de acorazados estadounidenses invadiendo Veracruz.

Sin demora, el bebé fue llevado por su mamá hasta San Martín Texmelucan, 300 kilómetros tierra adentro, para ponerlo a salvo. Mientras tanto, Segundo buscaba la forma de ganar dinero, trastocado su negocio de transporte marítimo al izarse la bandera de EUA en el puerto.

Al terminar la ocupación extranjera, Luis crecería jugando en los barcos de su padre, lo que le valió el apodo de Pirata. Niño que saltaba a la cancha del jarocho Parque España como mascota y, con gracia, perseguía balones.

Cuando tenía cinco años esa realidad se desplomó al morir papá. Todavía sin digerir la pérdida, Luis y sus tres hermanos menores atravesaban el océano Atlántico para instalarse con su familia materna en Santander. Señalado por el acento mexicano, se adaptaría brillando en esos partiditos junto a las playas de Cantabria.

Cuando más cómodos estaban, los De la Fuente huyeron ante el golpe de Estado de Primo de Ribera. Los recibió un Veracruz dividido entre dos equipos de futbol, uno para españoles, otro para mexicanos. Con credenciales para actuar en los dos y una refinada técnica, ambos se pelearon a Luis. Sin embargo, se lo quedaría un club capitalino, el Aurrerá, que lo debutaría con quince años en la máxima categoría.

Cinco años después, joven estrella del campeón de liga, el Tri lo convocó para el duelo definitivo rumbo al Mundial de 1934 contra Estados Unidos en Roma. En una decisión incomprensible, no alinearon al Pirata y México resultó goleado. Antes de volver, la selección disputó varios amistosos en los que Luis ya fue titular y sobresalió tanto como para que lo fichara el Racing de esa Santander en la que había vivido. Primer mexicano contratado por un club europeo, se le recuerda un golazo al Real Madrid y a su gran portero, Ricardo Zamora.

También pasaría con éxito por Vélez Sarsfield de Argentina, hasta que en 1943 cumplió el sueño de representar al equipo de su Veracruz, dándole tres títulos y propiciando la canción de su amigo Agustín Lara llamada como la ciudad: "Yo nací con la luna de plata. Y nací con alma de pirata".

La Segunda Guerra Mundial privaría de jugar una Copa del Mundo a quien muchos consideran uno de los mayores *cracks* latinoamericanos de los años cuarenta.

HORACIO CASARÍN
EL IDOLATRADO CHAMACO

NACIÓ EL 25 DE MAYO DE 1918
MURIÓ EL 10 DE ABRIL DE 2005
SELECCIONADO MEXICANO POR CASI 20 AÑOS
ANOTÓ MÁS DE 300 GOLES
CAMPEÓN DE LIGA CON NECAXA Y ATLANTE

Nada entendían los cinco hijos del general Joaquín Vidal Casarín sobre la importancia de su padre en los convulsos tiempos que los vieron nacer. Influyente militar en la Revolución mexicana, un desencuentro con Venustiano Carranza derivó en que su familia debiera emigrar a Estados Unidos.

El cuarto de sus hijos, Horacio, tenía seis años al llegar a Kansas City. Ahí se adaptaría a la cultura e idioma jugando beisbol.

Cuando en 1929 los Casarín regresaron a México, Horacio descubrió una rara actividad consistente en patear la pelota. Se atrevió a probarla en el Colegio Francés y no tardó en convertirla en su pasión. De los partidos en el recreo pasó a los de la Alameda Santa María La Ribera y, enfebrecido, a pedir con doce años una oportunidad en las infantiles del Necaxa.

Lo ubicaron como defensa, dada su escasa técnica y poderoso despeje, aunque sin creerle que llevara dos años practicando futbol. Pese a que se consideraba delantero, acató disciplinado tal como su papá le enseñó.

Ya podía acudir gratis al Parque Necaxa, en la calle Obrero Mundial, para deleitarse observando a un equipo que, por su simbiosis, fue apodado "el Necaxa de los once hermanos". Desde la tribuna soñaba con algún día salir él a hombros de esa cancha perfecta, con la afición agitando pañuelos y sombreros.

A la vez, ser necaxista le permitía trabajar en la Compañía de Luz y Fuerza, operadora del club. Así

que cuando no estaba entrenando era porque se encontraba trepado a una escalera entre cables.

Su aprendizaje y movilidad lo devolvieron pronto al ataque. Con quince años debutó en primera división y lo hizo con gol. La selección lo convocó a los 19 años y se perdió el Mundial de 1938 porque México renunció a participar.

Unos meses después, en febrero de 1939, sufrió una brutal barrida que le provocó fractura. El parque Asturias estalló en tal frenesí, con fogatas a modo de protesta, que se incendió. Con apenas 21 años, la carrera de Horacio lucía acabada. Para cuando recuperó cierta confianza, el Necaxa entró en crisis hasta desaparecer.

Otro general destacado en la Revolución, José Manuel Núñez, lo contrató para el Atlante, ofreciéndole además un puesto laboral en el Banco de México. No sabemos de su desempeño bancario, mas sus goles como azulgrana trascendieron fronteras.

Lo invitaron Barcelona y Oviedo a jugar partidos amistosos. Comprobaron su calidad y quisieron quedárselo, pero el general Núñez multiplicó su precio y truncó el traspaso.

Ídolo de ídolos, el "Chamaco" Casarín siempre ocupará un pedestal en la historia de nuestro futbol.

RUBÉN URIZA CASTRO
LA APLANADORA MEXICANA

NACIÓ EL 27 DE MAYO DE 1919
MURIÓ EL 30 DE AGOSTO DE 1992
ORO POR EQUIPOS EN LONDRES 1948
PLATA INDIVIDUAL EN LONDRES 1948
CAMPEÓN DE LA COPA DE LAS NACIONES EN 1948

Las noticias tardaban en llegar hasta el pequeño poblado de Huitzuco en Guerrero. Cada que aparecía a galope alguno de los cuatro hermanos Castro, férreos combatientes en la Revolución mexicana, se conocía algún detalle sobre el devenir de tan enmarañado conflicto, sobre quién ganaba y quién retrocedía, sobre quién mandaba y quién moría, sobre si Zapata, Carranza o Villa.

En medio de ese caos, Tayde, hermana de los generales Castro, alumbraría a un hijo llamado Rubén. Niño que, entre la vocación agrícola del papá y la tradición hípica de los tíos maternos, no dudó en elegir la segunda. A caballo se le vería siempre por la sierra guerrerense.

Los estudios no eran su prioridad, aunque, siendo su madre la profesora principal en la escuela rural, a Rubén no le quedó más que esforzarse. Disciplina y perseverancia que marcarían los siguientes pasos en su vida.

Cierto día, antes de la adolescencia, descendía tranquilo de su caballo cuando su pie se atoró en la montura. Sin tiempo para reaccionar, el equino corrió desbocado y, tras rebotar de cabeza por la terracería de Huitzuco, Rubén se desmayó. Todos pensaron que ahí terminaba su obsesión ecuestre, pero todavía convaleciente escapó de la cama para volver a montar con evidente dolor.

A los quince años lo enviaron a la capital, al fin pacificada y ya con Lázaro Cárdenas en la presidencia, para enrolarse en el Colegio Militar. Destacó como cadete e incluso más como jinete. Sus primeras victorias atrajeron la atención de Humberto Mariles, quien desarrollaba el proyecto mexicano de equitación, comisionado por el propio presidente.

Así se incorporó al equipo nacional precisamente cuando Londres se confirmaba como sede para los Juegos Olímpicos de 1948. Entonces apareció el caballo Hatuey, tan indomable como podía esperarse con ese nombre, el del denominado "Primer rebelde de América". Cacique que se levantara contra los conquistadores españoles en la actual Cuba.

Luego de un inicio de relación complicado, el ya capitán Uriza consumaría un binomio perfecto con el elástico y poderoso Hatuey. Al verlo superar obstáculos, la prensa estadounidense lo apodó la "Aplanadora Mexicana", y es que su dominio de cada situación, de cada montura, de cada exigencia, resultaba avasallador.

En los Olímpicos de Londres 1948 ratificó esa jerarquía, colgándose el oro por equipos y la plata individual. México se consolidaba como la mayor potencia en ecuestres. Cuatro años después no defendió su título en Helsinki 1952 porque, a semanas de aquellos Juegos Olímpicos, su caballo fue vendido sin que siquiera se le avisara.

ANTONIO CARBAJAL

EL PRIMER CINCO-COPAS

NACIÓ EL 7 DE JUNIO DE 1929
MURIÓ EL 9 DE MAYO DE 2023

PRIMER FUTBOLISTA EN JUGAR CINCO
MUNDIALES (1950-1966)

DOS TÍTULOS DE LIGA CON EL LEÓN (1952 Y 1956)

ELEGIDO MEJOR PORTERO DE
LA CONCACAF EN EL SIGLO XX

El estruendo de ese camión escolar entrando por la calle Velázquez de León de la San Rafael revelaba que su conductor, Manuel Carbajal, se encontraba a instantes de volver a casa.

Entonces, su primogénito –un niño grandote, al que llamaban Tota por la manera en que decía su nombre, Toño, de bebé–, se escondía en su vecindad y fingía que no estaba jugando futbol.

La tajante prohibición de hacerlo en la calle venía de un episodio trágico. Aquel día en que un coche, sin disminuir la velocidad ante las porterías formadas con piedras, atropelló fatalmente al hermano menor de la Tota, apodado Pocho.

Con eterno dolor por esa pérdida, Toño seguiría jugando. Por un tiempo como delantero y con pelotas de golf, que rescataba afuera de clubes deportivos y forraba en periódico. Eso cambió cuando un berrinchudo vecino recibió como regalo de Reyes Magos un balón y condicionó compartirlo con la Tota siempre que se pusiera como arquero. Eso o nada, en esa posición se inmortalizaría.

Al otro lado de la fachada ante la que atajaba heroico, su madre lavaba montones de ropa para ganarse unos pesos. El propio Toño apoyaba a la economía familiar recolectando basura y cobrando un centavo por bote lleno.

Su mejor momento era el sábado a primera hora. La camioneta del club Oviedo lo recogía, con hasta veinte niños apretados en su interior, para llevarlo a la capitalina Alameda Central a jugar. Ahí coincidía con otro portero, un tal José Alfredo Jiménez, quien entre despejes tarareaba canciones y soñaba más con melodías que con estadios.

El Real España ofreció ocho balones para quedarse con la Tota, a lo que el Oviedo respondió que lo cedería por once. Así, se mudó a un equipo que le pagaba cinco pesos por cotejo y diez si no encajaba anotación.

Con ese uniforme debutó con apenas quince años. Mal inicio regalando un gol al soltar un tiro de esquina. Adolescente con enorme carácter, no se doblegó y entrenó sesiones adicionales para que no le sucediera de nuevo, todo error visto como pretexto de aprendizaje.

Con 18 años viajaba a Londres como reserva para los Juegos Olímpicos de 1948, suplencia que pensó se repetiría al desplazarse a Brasil para el Mundial de 1950. De pronto, el seleccionador mexicano, Octavio Vial, decidió darle la titularidad. Su andar por cinco Mundiales, pionero cinco-copas, comenzaba.

Símbolo de regularidad y longevidad, fue profesional pese a la oposición de sus padres a que dejara la secundaria. Antonio les cumpliría una promesa: mamá no volvió a lavar ropa ajena y compró a papá un taxi con el que ya fue dueño de sus horarios.

ROBERTO ÁVILA

CHAMPION BAT

NACIÓ EL 2 DE ABRIL DE 1924
MURIÓ EL 26 DE OCTUBRE DE 2004
PRIMER LATINOAMERICANO CAMPEÓN DE
BATEO EN LAS GRANDES LIGAS (1954)
TRES VECES ELEGIDO AL JUEGO DE
ESTRELLAS DE LIGA AMERICANA
78 BASES ROBADAS EN GRANDES LIGAS

La ubicación de la casa de la familia Ávila González, en la calle Xiconténcatl de Veracruz, empujaba al futbol. Por si no bastara con estar a 100 metros de las playas del malecón, donde por la tarde los niños pateaban descalzos el balón, también se encontraba entre dos canchas.

Todo parecía indicar que Roberto replicaría los pasos de su hermano mayor, Juan, futbolista en el club Sporting, y no del siguiente en edad, Pedro, beisbolista en los Cafeteros de Córdoba. Dilema que crecía porque Beto destacaba especialmente como extremo izquierdo, pero idolatraba a la leyenda máxima del beisbol, Babe Ruth.

Para mayor enredo, su padre, abogado llegado del pueblo de Cosamaloapan, estaba convencido de que el décimo y último de sus hijos, Beto, era el ideal para continuar su camino en las leyes. Aparte, seguía fresca en la memoria la ocupación estadounidense del puerto jarocho, de 1914, con lo que se veía con suspicacia al deporte más yanqui.

Roberto ya apuraba rumbo al balompié profesional cuando a los 14 años acompañó a su hermano Manuel a entrenar en Córdoba e incluso participó. Una duda brotó en su interior, acaso el diamante era el destino.

En lo que aclaraba su mente, el adolescente jugó con tres equipos a la vez: futbol con los juveniles del España, lo mismo que beisbol con Standard Fruit como *shortstop* y con Tranviarios como pícher. Así permaneció hasta que, a los 16 años, el bate se impuso al balón y más al

descubrir su enorme potencial como segunda base. El futbol contraatacó para que regresara, aunque al enterarse de lo poco que cobraba su amigo Luis de la Fuente, el popular Pirata, entendió que en el beisbol había mucho más dinero y de ahí ya nadie lo sacó.

Sus estupendas actuaciones en Pericos de Puebla y con la novena mexicana que en 1944 viajó a Venezuela para la Serie Mundial Amateur, atrajeron el interés de la liga cubana. Certamen muy poderoso en ese momento en que las Grandes Ligas estaban debilitadas por la Segunda Guerra Mundial. En el estadio La Tropical de La Habana los cazatalentos estadounidenses quedaron prendados por ese don para hacerlo todo bien: fildear, correr las bases, batear… y barrer, legado de su etapa en el futbol.

Con 23 años lo amarraron los Indios de Cleveland y, pese a un debut postergado por cirugía de hernia, comenzó una década gloriosa en las Ligas Mayores.

Roberto Ávila, nacido a metros de donde se izó la bandera de Estados Unidos en el ocupado Veracruz, elevó por primera vez la bandera mexicana en las Grandes Ligas. Quizá para disimularlo, en Cleveland siempre le llamaron Bobby.

JOAQUÍN CAPILLA

ESCULTURA AÉREA

NACIÓ EL 23 DE DICIEMBRE DE 1928
MURIÓ EL 8 DE MAYO DE 2010

3 MEDALLAS EN PLATAFORMA 10 METROS (ORO
EN 1956, PLATA EN 1952 Y BRONCE EN 1948)

BRONCE EN TRAMPOLÍN 3 METROS
EN LONDRES 1948

4 OROS EN JUEGOS PANAMERICANOS
Y 4 EN CENTROAMERICANOS

Una historia familiar tan cercana a la Revolución mexicana como a la migración hizo que los Capilla tuvieran prohibido experimentar miedo.

Alberto, odontólogo criado en España, repetía a sus hijos que las alturas eran para no temerse, que nada les pasaría, que si se lastimaban ya sanarían.

El segundo de sus descendientes, el travieso Joaquín, deseoso de convertirse en bombero cuando creciera, llevaba la visión intrépida de su papá al extremo. Saltar desde el balcón, entrar a casa escalando por la pared, trepar árboles de los que muy seguido resbalaba, lanzarse al lago de Chapultepec, arrojarse del ropero hasta esas maltrechas camas que a menudo debían ser rehabilitadas en su casa de la colonia Roma.

Lejos de intimidarse por el listado de puntos de sutura y brazos fracturados entre los suyos, el Dr. Capilla insistía que lo relevante era atreverse y los domingos ofrecía monedas a quien se aventara del trampolín.

No obstante, Joaquín iniciaría nadando y no volando en acrobacias. Sin importar cuánto se esforzara por adquirir mayor velocidad en estilo de pecho, siempre terminaba en último lugar. A los doce años se fastidió de ser el peor y abandonó.

Antes de eso, el entrenador de clavados, Mario Tovar, había notado la emoción del niño al contemplar a los clavadistas en caída hacia la alberca. Incluso, alguna vez lo observó echándose desde la plataforma más alta, algo impensable para el resto de los pequeños. Por ello, al reparar en su repentina ausencia, realizó una llamada que modificaría la historia olímpica de nuestro país. Lo invitaba a cambiar de deporte.

Joaquín volvió a la piscina, pero ya nunca para ocupar un carril. Con Tovar como mentor, descubrió que los clavados no implicaban solo valentía, sino elegancia, precisión, arte.

Para entrenar dos sesiones diarias sin faltar a clases, vivió la mitad de su adolescencia en autobuses. Iba y venía por la ciudad, como su abuelo antaño en barcos entre México y España. A los diecinueve años, siendo ya multicampeón centroamericano y suponiendo que dominaba cada ejecución, Tovar lo convenció de que no bastaba. Juntos viajaron para estudiar a pie de alberca a esos expertos estadounidenses, inconscientes de que ese flacucho mexicano, que analizaba con atención su técnica y no paraba de preguntar, los superaría muy pronto.

Unos meses después fue integrado al equipo mexicano que competiría en los Juegos Olímpicos de Londres 1948. El nadador que se hartó de perder, el niño que soñaba con ser un heroico bombero se transformó en uno de los clavadistas más pulcros de todos los tiempos.

RAÚL MACÍAS

EL RATÓN MÁS GRANDE

NACIÓ EL 28 DE JULIO DE 1934
MURIÓ EL 23 DE MARZO DE 2009
CAMPEÓN MUNDIAL PESO GALLO
GANÓ 41 PELEAS, PERDIÓ 2
BRONCE EN PANAMERICANOS 1951

Apenas podía verse el diminuto cuerpo de Raúl tras las cuerdas y, mucho menos, escucharse su vocecita al arengar a sus dos hermanos mayores, José y Miguel, mientras boxeaban. Tan pequeño cargaba sus maletas, sufría con los golpes que recibían, les surtía agua.

De tanto acompañarlos a los baños Gloria, cierto día le armaron una broma. Lo invitaron a subir al ring frente a un gigantón de más de cien kilos. El niño aceptó sin chistar y, al notar que ni brincando alcanzaba su rostro, se escabulló entre sus piernas para tirarle derechazos en el trasero. Alguien gritó que parecía un ratón y el apodo se quedó, como también la impresión por su valentía y explosiva velocidad. Era momento de depurar su técnica.

Los Macías vivían en Tepito a tres cuadras del gimnasio. Su padre reparaba zapatos, oficio que Raúl aprendió, además de que hacía mandados (le daban 10 centavos por encargo) y vendía leche en torno al Zócalo.

A los 14 años ganó el certamen Guantes de Oro e inició un camino *amateur* de escasas dos derrotas en casi 200 peleas. En plena adolescencia participó en los Centroamericanos de 1950 y se colgó el bronce en los Panamericanos de 1951, aunque su romance con el pueblo mexicano se desató en los Juegos Olímpicos de 1952. Al ser vencido polémicamente por un rival soviético, estalló la indignación nacional.

Saltó al profesionalismo y, al cabo de dos años, llenó la Plaza de Toros México para el pleito en el que conquistó el título norteamericano. Meses después, se transformaba en campeón mundial y las multitudes no solo lo vitoreaban en el aeropuerto a su regreso, sino que se integraban de forma espontánea a su peregrinación rumbo a la Basílica de Guadalupe para juntos agradecer. "Todo se lo debo a mi mánager y a la Virgencita", clamaba el nuevo monarca.

Por las noches bailaba en diversas salas, jamás bebiendo alcohol, en un ritual que, aseguraba, era parte de su preparación física: correr, entrenar hasta extenuar a sus espárrines, moverse al ritmo de danzones como el que le dedicaron: "Este es el danzón que le gustó al Ratón".

La afición que hizo propias sus gestas lloró en 1955 cuando Billy Peacock le fracturó la mandíbula y quitó el invicto. Volvió a la cima, pero por poco tiempo. A los 24 años, lejos aún de la madurez como pugilista, pidió el micrófono tras un triunfo y anunció ante el atónito público su retiro. En el lecho de muerte su madre le había suplicado que ya no se expusiera a más golpes y Raúl Macías le concedió esa última voluntad.

Seis años como profesional le bastaron para ser ídolo como nadie en su país.

YOLANDA RAMÍREZ

LA RAQUETA DE TEZIUTLÁN

NACIÓ EL 1 DE MARZO DE 1935

CAMPEONA EN DOBLES Y DOBLES MIXTOS DEL ABIERTO DE FRANCIA

DOS VECES SUBCAMPEONA EN *SINGLES* DEL ABIERTO DE FRANCIA

LLEGÓ POR LO MENOS A SEMIFINALES EN LOS CUATRO TORNEOS DEL GRAND SLAM

Por los aires de la colonia Condesa desfilaban incontables pelotas de tenis. Los vecinos las juntaban en un canasto para devolverlas, por la noche, a su segura dueña: Yola, esa niña llegada de Teziutlán, Puebla, que volaba muchas bolas en eterno peloteo contra la pared de su casa.

Su padre, un dentista llamado Juan, había convertido el jardín en media cancha de tenis, añadiendo una red desvencijada y rayas a medio pintar. A un costado estaba la fachada de la casa, así que cuando no tenía con quién jugar, Yola lo hacía sola.

El tenis había comenzado a acompañar a los Ramírez en instantes del más profundo dolor. Por razones que Yola nunca se atrevió a indagar, Juanito, su hermano mayor, murió cuando ella era muy pequeña. Como parte del proceso de sanación, su mamá se acercó al tenis y contagió la pasión a sus hijas. Empezó a practicarlo Melita, quien sería campeona nacional, y después Yola, cinco años menor.

La familia recién se asentaba en la capital cuando el Club Chapultepec detectó su talento y ofreció membresías gratis para que las chicas usaran sus instalaciones. Aceptaron con la condición de que su madre, Imelda, también entrara, porque solas no las dejaban ir ni a la esquina. Además, era mamá quien mejor analizaba su técnica e identificaba errores.

A diferencia de Melita, quien quitó prioridad al tenis al casarse muy joven, Yola nada más pensaba en la raqueta. Entrenaba dos veces al día, derrotando a quien se parara al otro lado de la red, sin importar género o edad. En cierto momento, quizá por la rebeldía de la adolescencia, se escapaba a jugar voleibol. Al ser descubierta por sus padres, le preguntaron por sus anhelos. Categórica como para clavar un servicio as, Yola no respondió lo que quería hacer, sino lo que, sin duda, haría: ganar torneos de Grand Slam como ninguna mexicana hasta entonces.

A los veinte años se presentó internacionalmente con dos medallas en los Juegos Panamericanos de México 1955. Eso precipitó su inmediata participación en el US Championship (hoy US Open), aunque no tenía dinero para viajar a los certámenes en Europa y, menos, Australia.

Yola lo resolvió trabajando como secretaria bilingüe del cineasta Miguel Zacarías, en cuya oficina recibía a actores como Pedro Infante. Con ese sueldo, más el esfuerzo de su papá, pudo desplazarse en barco a París para disputar Roland Garros en 1957, alcanzando la final en dobles.

Un año más tarde se coronaba en ese Grand Slam francés, con su gran cómplice, Rosie Reyes, como pareja. Está inscrita en el Salón de la Fama de Roland Garros y Wimbledon.

SALVADOR REYES
EL CAMPEONÍSIMO

NACIÓ EL 20 DE SEPTIEMBRE DE 1936
MURIÓ EL 29 DE DICIEMBRE DE 2012

7 VECES CAMPEÓN DE LIGA CON EL GUADALAJARA

3 VECES MUNDIALISTA (1958, 1962 Y 1966)

SU NÚMERO 8 FUE RETIRADO POR LAS CHIVAS

Los goles más tétricos de la historia, en Mezquitán los niños pintaron la portería en la pared más alta que encontraron… nada menos que la barda del histórico cementerio de este barrio de Guadalajara.

Así que hacia el panteón apuntarían los primeros remates del futuro símbolo de esa ciudad, un muchacho llamado Chava. Partiditos callejeros que, alargados hasta la noche, implicaban el espanto de deambular entre las tumbas en búsqueda de la pelota si el tiro escurría por arriba.

Lo de Chava con sus amadas Chivas venía de cuna, recogebalones y mascota del equipo a los seis años gracias a que su padre, Luis, había destacado como delantero del Rebaño.

Tan flacucho como competitivo, empeñado en ganar en todo, su pasión futbolera lo llevó a un extremo: fingir durante un mes que iba al colegio para escaparse a jugar la mañana completa. Cierto día su madre, Rebeca, visitó la escuela y quedó perpleja al enterarse de que su hijo tenía varias semanas sin aparecer por ahí. Hasta su gran especialidad en la cocina, el exquisito pozole, le salió mal por el coraje.

Los Reyes trabajaban en ingenios azucareros en el pueblo de Tala lo mismo que en todo lo que tuviera que ver con autobuses, Chava mismo ayudando como mecánico en un taller. Eso último propició que el SUTAJ (Sindicato Único de Trabajadores de Autotransportes de Jalisco) lo invitara a su equipo cuando recién cumplió trece años, donde coincidió con otro gran prospecto, Guillermo "Tigre" Sepúlveda. Etapa que sirvió de trampolín para saltar a la selección Jalisco, en la que alinearía en algún cotejo al lado de su admirado papá.

Lo que le faltaba de cuerpo lo resolvía con intuición, siempre parado donde debía, su mente por delante de los demás. Las Chivas lo contrataron sin sospechar lo rápido que esa epopeya se escribiría. A los 16 años debutó y comenzó un andar que cambiaría al club a perpetuidad. Cuatro años más tarde el Guadalajara conquistaba su primera liga con gol suyo y abría la era del Campeonísimo con quince títulos en una década. Detrás, en la defensa, estaba su viejo amigo el Tigre.

Consultado sobre si era chiva de corazón, respondía que no, que era chiva de nacimiento. Sueños desde que ensayaba remates contra la barda del panteón, sueños desde que recogía pelotas en el Parque Oblatos cuando se burlaban del Rebaño Sagrado apodándolo el "Ya merito", maldición que Salvador acabó.

A los 71 años volvería a disputar unos instantes en partido oficial conmemorando medio siglo del inicio del "Campeonísimo". Como número portaba el 57, año de la primera coronación rojiblanca.

RAFAEL OSUNA

REY MEXICANO DEL TENIS

NACIÓ EL 15 DE SEPTIEMBRE DE 1938
MURIÓ EL 4 DE JUNIO DE 1969

TENISTA NÚMERO 1 DEL MUNDO EN 1963

ÚNICO MEXICANO CAMPEÓN EN *SINGLES*
DE UN GRAND SLAM (1963, EUA)

SUBCAMPEÓN COPA DAVIS 1962

Conforme pasaban los minutos, Rafael sentía la ropa más pegada a su cuerpo y las sienes surcadas por gotas de sudor. En la ardiente y húmeda Poza Rica esperaba que su papá, ingeniero en PEMEX, saliera de una cita.

Acalorado, el niño de diez años vio una barbería y, sin titubear, pidió que lo raparan asegurando que su padre pagaría. Desde ese día lo apodaron Pelón, mas en su familia también le llamaban Porfis por haber nacido en San Porfirio.

Su cabello ya crecía cuando enloqueció al Club Chapultepec. El pequeño puso contra las cuerdas al campeón mexicano de tenis de mesa. Como iluminado por poderes mágicos, sus bracitos llegaban a cada bola, su entereza sometía al mejor del país.

De físico superdotado, lo mismo destacaba en futbol que básquetbol, en este último jugaba de adolescente rodeado de puros señores. El tenis no era su prioridad, aunque Chucho, su hermano mayor, le inculcó ciertas bases. Además, dos situaciones lo obligaron a perfeccionarlo: primero, que los Osuna compartían dos raquetas entre seis, con lo que si perdía le tocaba retar y eso lo odiaba; segundo, que en casa tenía media cancha y toda pelota volada quedaba destrozada a mordidas por la Chata, perrita bulldog, así que cada golpe exigía precisión.

A los 18 años cambió en definitiva las canastas por el tenis, cuando entró al equipo mexicano Copa Davis, sustituyendo a un integrante que renunció al viaje por no incluir a su esposa. Rafael, el menor del grupo, jugó por otro imprevisto: la cancha era de madera y él contaba con experiencia moviéndose sobre esa superficie en el básquetbol. Disputó dos partidos y los ganó.

La Universidad del Sur de California lo becó. El entrenador, George Toley, lo recibió resaltando su rapidez e intuición, pero también su falta de técnica. Le explicó algunos tiros y escapó a su oficina. Luego de tres horas asomó por la ventana y descubrió que Rafael ya los ejecutaba con maestría. Infatigable, bajo un calorón, entrenaba con una máquina hasta dominar el golpeo. En USC impondría récords que aún perduran.

En 1960 conquistaba Wimbledon en dobles, el primero de sus tres títulos de Grand Slam en pareja. En 1963 se convertía en el pionero latinoamericano campeón en *singles* en el US Championships (hoy US Open) y asumía el lugar 1 del planeta. De su mano, México acariciaría la corona en Copa Davis, final perdida ante la Australia de Rod Laver y Roy Emerson.

Hubo un tiempo en que el rey mundial del tenis fue mexicano, historia con el más trágico y abrupto final. El gran Rafael Osuna murió a los 30 años en un accidente aéreo.

HÉCTOR
ESPINO
SUPERMAN DE CHIHUAHUA

NACIÓ EL 6 DE JUNIO DE 1939
MURIÓ EL 7 DE SEPTIEMBRE DE 1997

UNO DE LOS TRES MAYORES JONRONEROS DE LA HISTORIA
18 TÍTULOS DE BATEO ENTRE LAS DOS LIGAS DE MÉXICO
SU NÚMERO 21 SE RETIRÓ EN LA LIGA
MEXICANA Y LIGA DEL PACÍFICO

Los jóvenes peloteros de la colonia Dale miraban el reloj con angustia. Ese partido de máxima rivalidad entre dos barrios de Chihuahua ya debía empezar y no llegaba su estrella.

Se trataba de Arturo Espino, visto como el elegido entre todos ellos para brillar en el beisbol profesional. Sin opción, completaron su novena con el único muchachito disponible, hermano menor de Arturo, quien solo estaba ahí de recogebolas y para cargar bates.

Un chico cuyos anchos antebrazos contrastaban con una estatura aún reducida y la cara de niño que por años lo acompañaría. Se llamaba Héctor y su poderío físico se atribuía al trabajo desde pequeño con su papá, transportista de materiales de construcción. Reventar las pelotas más rápidas resultaría rutina para quien levantaba llantas de tráiler y pesados sacos.

Su anatomía mezclaba lo mejor de dos mundos. Gabriela, su madre, descendiente de tarahumaras, también conocidos como rarámuris o corredores de a pie. Abel, su padre, con pinta de vikingo europeo.

Conforme notó que contaba con una habilidad especial, se obstinó en perfeccionarse, hábito que nunca abandonaría. Dedicado y serio en todo, ya con sus enormes manos en el bate, ya con sus inmensos dedos amasando en una tortillería que por entonces su familia instaló para salir de apuros. Con quince años ingresó a una liga interobrera, gracias a los contactos en ese medio de su papá. De entrada, advirtieron que era arriesgado para Héctor. ¿Cómo batearía a lanzamientos de señores que le doblaban peso y edad? Al primer turno al bate cambiaron de opinión: el peligro era él.

Sus exhibiciones superaron las fronteras de Chihuahua. Los más incrédulos visores aparecieron deseosos de desmentir sus cifras de cuadrangulares. Imposible refutar la tremenda evidencia, se desató la lucha por firmarlo. Desde San Luis Potosí se lo quedaron con un pago inhabitual a ese nivel. De ahí brincó a los Sultanes de Monterrey y, con el mote Niño Asesino, fue novato del año.

Las Grandes Ligas lo buscaron. Inició la triste e incomprensible historia que privó de la Gran Carpa a uno de los mayores toleteros que hayan existido en el planeta. Los Sultanes le ofrecieron una parte mínima de la transacción a St. Louis Cardenals, el dignísimo Héctor se negó e incluso lo amenazaron con terminar con su carrera. Cada que volvieron por él de Estados Unidos, los rencores revivieron.

Autocrítico y ávido de siempre mejorar, cuando el resto llegaba a un partido tres horas antes, el también apodado Superman o Babe Ruth mexicano lo hacía desde la mañana para infatigablemente entrenar.

PILAR ROLDÁN

MOSQUETERA DEL OLIMPO

NACIÓ EL 18 DE NOVIEMBRE DE 1939
PLATA EN LOS JUEGOS OLÍMPICOS DE 1968
2 OROS EN JUEGOS PANAMERICANOS
(1959 Y 1967)
CAMPEONA ABIERTO DE EUA (1959)

Genealogía escrita con la raqueta. Sus papás se conocieron al ser pareja en dobles mixtos. Su abuelo materno fue pionero instalando canchas de tenis en el país. Su abuelo paterno jugó a buen nivel. Su padre, Ángel, representó a México en Copa Davis. Su madre, María, apodada la Chata, fue campeona nacional a los trece años.

Con semejantes antecedentes, la hija mayor del matrimonio Roldán Tapia, Pilar, apuntaba a ese deporte y, de hecho, de forma promisoria. Sin embargo, a los diez años descubrió el libro *Los tres mosqueteros* de Alejandro Dumas, a lo que siguió la película en la que Gene Kelly protagonizaba a D'Artagnan. Quedó cautivada. Con las prendas que halló en el vestidor, adecuó su disfraz de mosquetero. Con lo que tuvo a mano (una escoba, un tubo, una rama) hizo de espadachín. A cada tarde imaginaba que era Athos y que, desde la capitalina colonia Escandón, salvaría a Francia.

En 1952 emigró a México un reputado entrenador italiano de esgrima y Pilar suplicó que le permitieran tomar lecciones con él. Durante un año apenas ensayó ejercicios específicos, llegando a aburrirse por no enfrentar a nadie, mas se motivaba con la frase que su maestra de primaria le pidiera leer a diario: "Querer es poder".

Un domingo, cuando tenía catorce años, la llevaron a la casa de un médico en la que se encontraban semanalmente los mejores esgrimistas mexicanos. La midieron con la número cinco

nacional y venció sin problemas. Le pusieron a la tercera y ganó con facilidad. Le advirtieron que ahora iba contra la campeona y volvió a triunfar.

En los Panamericanos de 1955 vivió algo irrepetible: participó en tenis su mamá y en esgrima ella junto con su papá, ya contagiado por esa pasión. Un año después debutaba en los Juegos Olímpicos y estaría cerca de acudir a Panamericanos no solo en esgrima sino también en tenis, que aunque no era su prioridad, todavía le encantaba.

A un año de los Juegos Olímpicos de 1968 sufrió una mala racha. Algunos medios lo atribuyeron a que ya tenía dos hijos, lo que la indignó, ella misma criada por una madre que nunca dejó la alta competencia deportiva. Al ver que un periódico publicaba "Pilar en plena decadencia" recortó el encabezado y lo guardó. Invirtió horas en incrementar su velocidad, afilar reflejos, sublimar su técnica.

En los Juegos realizados en México la esperaba el podio, tan concentrada en cada punto que un organizador debió avisarle que la plata era suya. Con sus padres tenistas, con sus hijos orgullosos, una para todos y todos para una, Pilar fue la primera medallista olímpica mexicana de la historia.

PEDRO Y RICARDO RODRÍGUEZ

LOS HERMANOS RELÁMPAGO

PEDRO NACIÓ EL 18 DE ENERO DE 1940
MURIÓ EL 11 DE JULIO DE 1971
GANÓ DOS GRANDES PREMIOS DE FÓRMULA 1
(SUDÁFRICA 1967 Y BÉLGICA 1970)
SEXTO LUGAR EN EL CAMPEONATO DE PILOTOS EN 1967 Y 1968
CAMPEÓN 24 HORAS DE LE MANS EN 1968

RICARDO NACIÓ EL 14 DE FEBRERO DE 1942
MURIÓ EL 1 DE NOVIEMBRE DE 1962
EL PILOTO MÁS JOVEN EN LA HISTORIA
DE FERRARI EN FÓRMULA 1
POR 38 AÑOS TUVO EL RÉCORD DE PILOTO MÁS
JOVEN CON PUNTOS EN FÓRMULA 1
SUBCAMPEÓN 24 HORAS DE LE MANS EN 1960

La cara de miedo de Conchita, sentada en el asiento del copiloto, lo decía todo. A un costado, sus dos hermanos menores efectuaban malabares para desplazar el coche de su papá unos metros por la colonia Polanco. Uno movía el volante e indicaba si acelerar o frenar al otro, escondido abajo entre los pedales.

Pedro de 11 años, Ricardo de nueve, habían recibido los fundamentos de la conducción acompañando a su padre, quien por su profunda influencia en el medio ferroviario solía probar cuanto vehículo llegaba al país. Personaje que pasó de ser maquinista de tren en la campaña presidencial de Lázaro Cárdenas a relacionarse con lo más alto de la política mexicana y consolidar negocios millonarios.

Por entonces esos dos niños –Pedro apodado Coco y mucho más callado; Ricardo llamado Güero y muy extrovertido– destacaban en justas de ciclismo, campeones nacionales en su respectiva categoría, competitivos entre sí en lo fuera que se jugara.

En 1950 su papá los llevó a ver la primera edición de la Carrera Panamericana. Cautivados intercambiaron una mirada y, sin cruzar palabra, los dos entendieron lo que el otro pensaba: de grandes no harían rebases imposibles pedaleando sino en el deporte motor. Poco después les regalaron sendas motocicletas en Día de Reyes y con ellas se transformaron en una sensación. Donde se inscribían terminaban en la cima.

En la adolescencia Pedro adquirió cierta rebeldía, por lo que lo enviaron a una academia militar en EUA. Para cuando volvió, su hermano menor ya era una celebridad ganando tanto en moto como en coche, incluso apuntado como futuro rey de la Fórmula 1.

En 1958 viajaron a las 24 horas de Le Mans, pero a Ricardo no lo dejaron participar por su corta edad. Un año más tarde compartió con Pedro podio en la inauguración del autódromo recién construido en la Magdalena Mixhuca y para 1961 se convirtió en el piloto más joven en correr para Ferrari en Fórmula 1. Ilusión despedazada al morir con veinte años en un accidente en el autódromo al que hoy da nombre y en cuyo diseño intervino su propio padre.

Pedro continuó con el anhelo de honrar su memoria a cada bandera a cuadros. Subió a siete podios de Fórmula 1, se impuso en las carreras más emblemáticas del planeta, hasta que con 31 años encontró el mismo destino: en el circuito Norisring de Núremberg perecería.

Dos vidas demasiado cortas, dos promesas mutiladas de tajo, Pedro y Ricardo, junto con su contemporáneo Moisés Solana, también de trágico devenir, inspirarían a varias generaciones de pilotos mexicanos.

ENRIQUE BORJA

COSTAL DE GOLES

NACIÓ EL 30 DE DICIEMBRE DE 1945

DOS LIGAS CON EL AMÉRICA (1971 Y 1975)

TRES TÍTULOS DE GOLEO CONSECUTIVOS
(1971, 1972 Y 1973)

MUNDIALISTA EN INGLATERRA
1966 Y MÉXICO 1970

La mente de Quique se dividía entre capotes y balones. Por un lado, nadie jugaba futbol como él en esa plazuela de la calle Guillermo Prieto, dado que ensayaba incansable sus remates contra la pared de la vecindad. Por otro, tanto su papá como su mamá habían sido toreros y la Fiesta Brava le apasionaba.

El enigma lo resolvió a los ocho años. En Quinceo, Michoacán, fue arrollado por un novillo al que ni siquiera pretendía torear y confirmó que eso no era lo suyo. Se topó entonces con la película *Los hijos de don Venancio*, con Horacio Casarín como protagonista, y decidió seguir sus pasos.

Los vecinos de la colonia San Rafael se organizaron para formar dos equipos, uno para los pequeños, el otro para los mayores. Le llamaron Spartak porque la embajada de la Unión Soviética les regaló uniformes. El único muchacho alineado con los dos cuadros fue el flacucho y escurridizo Quique. Ahí se harían habituales las grescas en su defensa, porque los rivales solo podían frenarlo a patadas.

A los 17 años lo eligieron en la Prepa 6 para acudir a un certamen Nacional. Al ser campeón y líder de goleo, el Toluca lo quiso, aunque cometió el error de posponer la firma. En ese lapso los Pumas, recién ascendidos a primera división, se avivaron y lo atraparon.

Con el sueldo apenas pagaba el largo trayecto en autobús para entrenar. Al subir en el Monumento a la Revolución rogaba al chofer que lo despertara al parar en C.U., donde forjó una gran amistad con Aarón Padilla y se enamoró de ese proyecto de cantera en ciernes, con muchos jugadores estudiantes.

Ignacio Trelles lo convocó al torneo sub-20 de la Concacaf en Guatemala. Molesto por la eliminación inmediata, gritó al plantel que ninguno llegaría al Tri mayor. Quique le contestó que se equivocaba, que él lo lograría.

Acertó. Un año después, ya titular de la UNAM, don Nacho lo llevó al Mundial de 1966 como teórico suplente. A horas del debut ante Francia en Wembley, el director técnico tocó a su habitación y le indicó escueto que iniciaría. Enrique casi se lesiona saltando en la cama con el escapulario de su madre pegado a la boca. Esa noche anotó con asistencia de Aarón Padilla y la inolvidable narración de Fernando Marcos: "¡Borja no falles! ¡Goool de México! ¡Qué jubilo!".

A los 24 años lo traspasaron al América sin avisarle. Exigió que se anulara la operación. Dijo que se sentía como costal de papas en venta. Habló hasta con el presidente del país, Gustavo Díaz Ordaz, quien no pudo impedirlo, mas implementó en adelante el pago de una comisión al futbolista transferido. En su nuevo club sería ídolo máximo.

RUBÉN OLIVARES
EL IRREPETIBLE PÚAS

NACIÓ EL 14 DE ENERO DE 1947
CAMPEÓN MUNDIAL GALLO Y PLUMA
105 PELEAS CON 89 VICTORIAS, 79 POR NOCAUT
PRIMER MEXICANO EN INGRESAR AL
SALÓN DE LA FAMA DEL BOXEO

La moneda de 25 centavos causaba furor en el México de los años cincuenta por la balanza que mostraba en una de sus caras (por ello, se le llamaba balancita), aunque para el pequeño Rubén valía más.

Una balancita costaba observar la función sabatina de box ante el televisor del vecino, a cuatro calles de su casa, en la colonia Bondojito. Tenía ocho años e imaginaba que él mismo subía a ese cuadrilátero a blanco y negro.

Los doce hermanos Olivares vivían en una vecindad, mas Rubén no siempre dormía en ese cuarto en el que, de alguna forma, se apretaban todos. A un lado estaba la tortillería de su padre, Salomón, quien lo hacía pernoctar al pie del molino de nixtamal para que trabajara desde las cuatro de la madrugada.

Ahí, ante el olor a tortilla inflada, montó un costal de azúcar que golpeaba voraz hasta descubrirse sangre en los nudillos. Fortaleza que crecía al caminar por el barrio cargando kilos de masa y con las labores de albañilería impuestas por su papá.

En la escuela le apodaban Púas, por su corte de cabello en puntas afiladas… y como Púas se apareció a los quince años en el gimnasio de los Baños Jordán, a las puertas del centro capitalino.

Su titubeante voz de adolescente contrastó con la determinación al presentarse, con los entrenadores Cuyo Hernández y Chilero Carrillo aseverando que sería campeón mundial. El gimnasio estalló en burlas y más al notar que

Rubén ignoraba las bases pugilísticas. Sin duda, tenía resistencia y pegada, repertorio al que pronto añadiría el más ágil juego de piernas.

Todavía inmaduro disputó la calificación a los Juegos Olímpicos de Tokio 1964, pero quedó en segundo lugar. Sin desanimarse, se concentró en el torneo *amateur* Guantes de Oro. Con 16 años y la mandíbula fracturada, el Púas se coronó. El Jordán comenzó a llenarse de curiosos que deseaban confirmar si era tan bueno.

Antes de cumplir 18 años recibió una oferta para debutar como profesional. Siendo menor de edad, el presidente de la Comisión de Boxeo, el también escritor, Luis Spota, exigió la autorización de su padre. El duro Salomón aceptó. Con semblante infantil y cuerpo de apariencia frágil, el Púas noqueó en un round y abrió una racha de nocauts consecutivos sin precedentes.

Cuatro años en los que ganaría 52 peleas y apenas empataría una, precipitando la hora soñada: enfrentar en 1969, en California, al australiano Lionel Rose por el título mundial. Rubén Olivares lo noqueó.

Uno de los mayores ídolos de México, de pagar balancitas por ver box en el televisor, pasó a cobrar millones por boxear. Fortuna que se diluyó en su vida de excesos.

RICARDO DELGADO

PICOSO ENTRE SAPOS

NACIÓ EL 13 DE JULIO DE 1947

ORO EN LOS JUEGOS OLÍMPICOS DE MÉXICO 1968

SE CORONÓ SIN PERDER UN *ROUND* EN TODO EL TORNEO

PLATA EN PANAMERICANOS DE WINNIPEG 1967

Estar rodeado por pantanos y charcos propició que, a ese rincón de Indios Verdes, en el comienzo de la carretera de la capital hacia Pachuca, se le llamara colonia del Sapo.

Ahí los niños se arrebataban una rama para trazar sobre el lodo lo que consideraban su ring. Frágil cuadrado que, al poco de arrancar la sesión boxística, entre pisadas y caídas, parecía cualquier otra forma geométrica.

De esas aguas insalubres emergieron los ágiles puños de Ricardo. Chaparrón de siete años apodado el Picoso por cómo se alebrestaba ante el mínimo atisbo de burla o injusticia.

Su padre, vendedor de revistas y periódicos, había boxeado sin éxito en la juventud. Personaje enérgico que, al enterarse de que un vecino murió ahogado en la laguna cercana, prohibió tajantemente a su hijo volverse a meter. Descartado el nado y a falta de pelotas o juguetes, el box acaparó la rutina de los niños en ese descampado.

Tiempo después, cuando Ricardo tenía 17 años, se desplazó con sus amigos a los baños del Carmen, en Tepito, para ver pelear a dos profesionales. Al bajar del autobús escuchó que uno de los contendientes no se presentó y la función se cancelaba… salvo que alguien se animara a medirse con un tal Rodolfo Martínez, quien, pronosticaban y el futuro les daría la razón, sería monarca mundial.

El menudito Ricardo levantó la mano para susto de sus acompañantes. Con ropa prestada subió al ring y, ante el azoro general, no solo resistió de pie, sino que ganó por decisión. Tamaña exhibición atrajo la atención de un entrenador con quien empezó a trabajar de inmediato.

Pasados dos meses de instrucción, fue registrado en un certamen capitalino y el novato se coronó. Acudió a un Nacional donde volvió a ser campeón e inició una cadena que llegaría a 125 victorias en 129 combates. No obstante, en el equipo preolímpico mexicano no se convencían de la capacidad de ese muchacho surgido de la nada. Ricardo Delgado debió derrotar dos veces al consentido de los federativos para amarrar su plaza en los Juegos de México 1968.

En la última gira previa enfrentó al polaco Arthur Olech, medallista en Tokio 1964, y los jueces le robaron el triunfo. Encendido como podía esperarse de su apodo, el Picoso se vengaría de Olech en la final olímpica para colgarse el oro. Quiso el destino que sucediera en la Arena México, a unas calles del gimnasio en el que tres años antes peleara como espontáneo, a unos kilómetros de los charcos donde delineara con una rama su primer cuadrilátero. Camino impecable a la cima, en todo el torneo olímpico no perdió un solo *round*.

AURELIO RODRÍGUEZ

EL GRAN BATO

NACIÓ EL 28 DE DICIEMBRE DE 1947
MURIÓ EL 23 DE SEPTIEMBRE DE 2000
GUANTE DE ORO EN 1976 EN LAS GRANDES LIGAS (MLB)
17 AÑOS EN GRANDES LIGAS
JUGÓ LA SERIE MUNDIAL DE 1981 CON LOS YANKEES

Los roletazos rebotaban impredecibles sobre la rocosa superficie de Cananea. Ante los batazos de Aurelio papá, segunda base en la Liga Norte Sonora, sus cinco hijos varones se turnaban para fildear. Cada que la caprichosa bola escapaba a la manopla, reiteraba con acento norteño: "si la atrapan aquí lo harán en cualquier diamante".

Decenas de metros debajo de ellos se encontraban las minas que propiciaron el sobrenombre Ciudad del cobre. Minas que en 1906 convocaron a una huelga que dejó a Cananea el apelativo de Cuna de la Revolución. Un episodio en el que murieron reprimidos decenas de mineros a los que se dedicó el parque beisbolero local, llamado Mártires 1906.

En ese polvoroso escenario los niños practicaban antes de los partidos de los adultos. Entre ellos destacaban dos de los hermanos Rodríguez Ituarte: Francisco, apodado Chico, y Aurelio hijo, cuatro años menor. Amaban el beisbol, pero de Grandes Ligas solo sabían que preferían a los Yankees que conocían por viejos recortes de periódicos.

Cuando Aurelio tenía quince años se dio un incidente en su secundaria, también denominada Mártires 1906. Un profesor regañó a los alumnos por quedarse jugando básquetbol y exigió que le entregaran el balón. No contaba con que el muchachito se lo aventaría al pecho. Lo expulsaron. En casa decidieron mandarlo a Los Mochis para que trabajara con sus tíos.

Curioso destino, ahí unos empresarios beisboleros lo descubrieron arrojando la bola y lo invitaron a integrarse a su novena. Llegó diciembre. Aurelio se encaminaba a la terminal de autobuses para pasar Navidad con su familia, cuando esos mismos dirigentes lo interceptaron para rogarle que no se fuera. Le ofrecieron jugar en Guadalajara y lo convirtieron, con 16 años, en beisbolista profesional.

Adquirió experiencia en Tehuacán y Fresnillo. Lo eligieron novato del año con los Charros de Jalisco y los Ángeles de California se lo llevaron a la Gran Carpa. A su arribo comería tres veces al día huevos con jamón por ser lo único que entendía en inglés.

A los 19 años se transformó en el mexicano más joven en debutar en MLB. Ahí se consagraría como un pelotero de época. En 1976 rompería con 16 temporadas al hilo de Brooks Robinson como mejor tercera base. Confirmación, como con su hermano Chico que brilló en la Liga Mexicana, de la teoría paterna: fildear en el árido suelo de Cananea preparaba para hacerlo en cualquier sitio.

Ya veterano disputó la Serie Mundial con esos Yankees a los que adorara en su infancia sin haberlos visto jugar. Murió, a los 52 años, atropellado en Detroit.

FELIPE MUÑOZ KAPAMAS

EL TIBIO DE ORO

NACIÓ EL 3 DE FEBRERO DE 1951
MEDALLA DE ORO EN JUEGOS OLÍMPICOS 1968
CONDECORADO CON ORDEN OLÍMPICA EN 1996
PRIMER NADADOR MEXICANO EN
SALÓN DE LA FAMA DE NATACIÓN

Nada más dentro de la piscina, Felipe lloraba sin que su llanto se notara. Las lágrimas deslizaban ocultas entre las gotas de agua y sus ojos podían enrojecer bajo pretexto de reacción al cloro.

Un niño obligado a comportarse como adulto, con sus papás en pleno divorcio y sus hermanos, todos menores, buscando fuerza en él, pese a que no pasaba de los 11 años.

En 1963, a la salida del colegio, se topó con el encabezado de un periódico que informaba que para 1968 los Juegos Olímpicos serían en México. Su madre, Areti, de padres griegos, siempre repetía que sus ancestros habían creado esos Juegos y ahora, decía a su primogénito, de él dependía llegar a esa cita.

Esa noche, Felipe no durmió rebasado por la emoción. En su mente se veía campeón en esa alberca que empezaba a construirse a diez calles de su casa. Esa semana caminó hasta la Confederación Deportiva Mexicana para inscribirse en los Juegos Olímpicos, sin comprender que para participar no bastaba con ser anotado: tendría que entrenar con total disciplina para lograr la marca exigida.

El divorcio de sus papás pronto derivó en problemas económicos y los Muñoz fueron echados de su departamento con todo y muebles.

Felipe se enteró de un selectivo cuyo vencedor viajaría a una serie de clínicas en Texas. Lo ganó, pero le quitaron el premio por haber faltado a tres prácticas, pese a que, exasperado, explicaba que sus ausencias se debían a que a veces no juntaba dinero para el camión.

Al borde de tan prematuro retiro, cambió de sitio de entrenamiento, con la suerte de encontrarse con el entrenador estadounidense Ronald Johnson, recién mudado a México. Su vida se transformó. Con él trabajaría en triple sesión diaria, perfeccionándose en estilo de pecho, analizando la técnica de sus rivales para mejorar. Para entonces ya no le molestaba que le apodaran Tibio, por la palabra que utilizara en cierta ocasión cuando pretendía disimular que el agua estaba helada.

A los 17 años, en los Olímpicos, llegó el momento que tanto soñó. A minutos de la competencia, su padre se coló al área de nadadores y le susurró: "aunque sea como tercero, hijo". Felipe respondió sereno: "¡No, papá! ¡Cómo que tercero! ¡Vengo a ganar!".

Sin ser favorito, siguiendo con precisión la estrategia fijada por Ronald, lanzado por miles de mexicanos en un griterío de manicomio, el "Tibio" Muñoz se coronó.

En su mismo barrio, tal como lo imaginó al saber que en su país serían esos juegos surgidos en la tierra de sus antepasados helenos, de nuevo la piscina le ayudó a ocultar las lágrimas… pero eran de máxima alegría.

JESÚS CARLOS ZÁRATE

LA PEGADA DEL CAÑAS

NACIÓ EL 23 DE MAYO DE 1951

CAMPEÓN MUNDIAL PESO GALLO DE 1976 A 1979

ELEGIDO BOXEADOR DEL AÑO EN 1977 POR ENCIMA DE MUHAMMAD ALI

GANÓ 66 PELEAS, 63 DE ELLAS POR NOCAUT

Hay bebés a los que, sin saberlo, les toca nacer con un vacío. En un ambiente de luto e incertidumbre, Carlos fue alumbrado tres meses después de que su papá, Jesús, muriera.

Era el octavo hijo de doña Luz. Para honrar su memoria combinaron los dos nombres, Jesús Carlos, aunque su madre le llamaría "mi niño Jesús".

La urgencia por subsistir orilló a los Zárate a mudarse del céntrico Tepito al sureño barrio Ramos Millán. Luz consiguió un empleo como conserje en una escuela, donde además alimentaba a los maestros y el propio Carlos, al paso del tiempo, barrería los salones.

En las calles practicaba futbol con el sueño de meter goles para el América como sus ídolos Arlindo y Zague. Pasión que, de rebote, cambiaría su rumbo. Cierta vez, teniendo 11 años, observaba una edición del Clásico en la única televisión del barrio, cuando celebró una anotación americanista. Un aficionado chiva, cuatro años mayor, brincó insultándolo y acabaron a los golpes. En pocos segundos, Carlos lo noqueó. Los testigos coincidieron en que lo suyo estaba en el cuadrilátero.

Por esos días, se agravaban los síntomas por glaucoma de su mamá, ya casi ciega. Su niño Jesús le juró que haría millones boxeando para pagarle una cirugía. En lo que eso sucedía, descubrió que varias monedas con las que se jugaban volados en el colegio donde trabajaban, caían en la azotea. Cada sábado escalaba a escondidas hasta el techo para juntar esa morralla y empezar a ahorrar.

Cuando terminaba la primaria se organizó una función de box en la explanada Iztacalco. Conocido su poderío lo invitaron y ganó, algo que repetiría en donde se parara. Lo mismo en una sesión en un parque, impresionando tanto a un panadero español de nombre Faustino, que le obsequió sus primeros guantes y, como añadido, le apodó el Cañas por la delgadez de sus piernas.

A los 17 años se presentó con el entrenador Cuyo Hernández, quien, sin dilación, lo subió al ring ante un muchacho que realizaba sombras. Para impacto general, Carlos sobrevivió, sin enterarse, a todo un aspirante a título mundial, el Halimi Gutiérrez.

Un año después se coronaba en el certamen *amateur* Guantes de Oro y daba pie a una brillantísima carrera profesional en la que no perdería una pelea en ocho años, con una inusitada capacidad para casi siempre noquear.

Cumplió su promesa y llevó a su madre a operarle los ojos. Desafortunadamente, ya era tarde, Luz no lo vio boxear en su apogeo.

Cayó en las drogas e, imponente como con los puños, se levantó. Para vencer al Cañas y su furibunda pegada hacía falta demasiado.

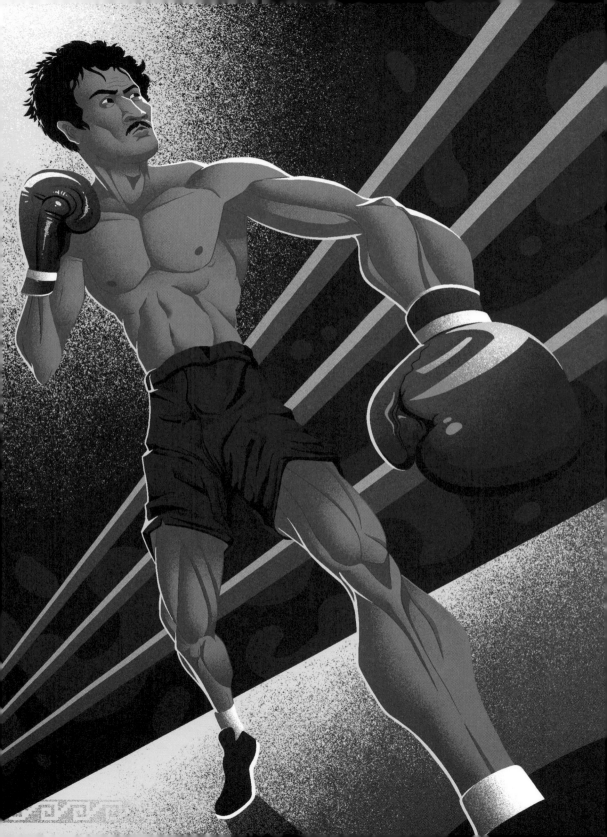

RAÚL GONZÁLEZ
EL REY DE LOS ÁNGELES

NACIÓ EL 29 DE FEBRERO DE 1952

ORO EN MARCHA 50 KM Y PLATA EN 20 KM EN LOS ÁNGELES 1984

TRES VECES CAMPEÓN MUNDIAL MARCHA 50 KM (1977, 1981 Y 1983)

EN 1987 FUE NOMBRADO EL MEJOR MARCHISTA DEL SIGLO XX

A la espera de zapatos que lustrar, ese adolescente se sentaba sobre el cajón de bolear pegado a un comercio que mostraba al exterior un televisor.

Para Raúl esa era la única forma de ver los Juegos Olímpicos de México 1968. Al otro día repartiría periódicos, después de apoyar soldando en el taller de su papá y vender tacos cocinados por su mamá.

Difícil dimensionar el sacrificio cuando no existe alternativa, así vivió siempre. Había nacido en el pueblo de China, Nuevo León, donde la sequía cada vez era peor. Llovía menos, el monte dejaba de lucir verde, la cosecha se arruinaba y, para subsistir, su padre se iba largas temporadas como bracero a Estados Unidos.

Tenía 13 años al mudarse su familia a Río Bravo, Tamaulipas, para trabajar en la pizca de algodón, labor en la que ayudaría hasta el agotamiento. Ese esfuerzo permitió a los González añadir madera a su frágil casa de lámina y, de a poco, levantar un taller mecánico que les daría cierta estabilidad.

En Río Bravo rechazó el futbol y beisbol jugados por la mayoría, enloquecido por la sensación de correr, algo determinante en lo que seguiría para ese amante del estudio: en una carrera recibió una beca para cursar ciencias físicomatemáticas en Monterrey. Lejos de su pueblo, sin poder pagar transporte público, diario saldría a las cuatro de la madrugada hasta el campus, 30 kilómetros caminados entre ida y vuelta, alistando sus piernas sin saberlo.

A los 18 años, de visita en Río Bravo, lo invitaron a una competencia de atletismo conmemorando el 16 de septiembre. A momentos de iniciar le dijeron que no sería corriendo sino marchando y ahí mismo le explicaron la técnica de caminata. Ganó. A las tres semanas hubo un torneo regional de marcha y volvió a imponerse. Igual resultado en el Nacional Juvenil, venciendo a quienes llevaban mucho en esa disciplina.

Rumbo a Múnich 1972, recién instalado en la capital, caminó por primera vez los 50 kilómetros y, nueva sorpresa, calificó a esos Juegos: en cuatro años pasaba de mirar los Juegos Olímpicos sobre su cajón de bolear a participar.

Lucha por una medalla que, al cabo de tres ediciones, era estéril. Tras Moscú 1980 decidió retirarse. Necesitaba dinero para lo más esencial. El destino quiso que no hallara un trabajo adecuado y quizá por eso continuó.

En Los Ángeles 1984 conquistaría presea en las dos pruebas de marcha. Mientras escuchaba el himno mexicano lloraba pensando en su papá, símbolo máximo de perseverancia, fallecido poco antes sin ver a Raúl en la cúspide del Olimpo. Fue elegido el mejor marchista del siglo xx.

DANIEL BAUTISTA

EL POLICÍA CAMPEÓN

NACIÓ EL 4 DE AGOSTO DE 1952

ORO EN MARCHA 20 KM EN LOS JUEGOS OLÍMPICOS DE MONTREAL 1976

CAMPEÓN MUNDIAL EN 1977 Y 1979

ROMPIÓ TRES VECES EL RÉCORD MUNDIAL DE MARCHA 20 KM

Entre los 150 habitantes del poblado de El Salado, en San Luis Potosí, ninguno leía ni escribía. Ahí nació el tercer hijo de los Bautista, quienes esperaron a que unos vecinos viajaran a la ciudad para que registraran a su bebé. Manuel o Domingo sería su nombre, les indicaron.

Quizá por confusión de los emisarios o del funcionario que los atendió, sin duda, porque nadie en la ranchería entendió el acta, a los quince años Manuel supo que se llamaba como su papá, Daniel. La noticia lo llenó de orgullo. Además de parecerse físicamente a ese personaje al que admiraba, resultaba que eran tocayos.

La necesidad económica los obligó a mudarse a Monterrey. En esa región se emplearía su padre en el campo y sus hijos ayudarían para salir de la pobreza extrema. Antes de convertirse en joven, Daniel ya había sido peón de obra, bolero, talachero y vendedor de fruta, aparte de estudiar para ser el primero de su familia en alfabetizarse.

A los ocho años se identificó con el maratonista etíope Abebe Bikila, descalzo al correr en plenos Olímpicos como muchas veces Daniel en las calles. Imitándolo, se puso a trotar.

Cuatro años después merodeó la tragedia, casi se ahoga en el río Bravo al meterse a bañar luego de trabajar en plantaciones de legumbres. Ese día concluyó que solo estando fuerte evitaría otro susto y se inscribió a competencias de velocidad. Disciplina que cambió por la marcha al observar, a los 16 años, la molestia de José Pedraza por su plata en los Juegos Olímpicos de 1968. Daniel se contagiaría de ese coraje y, sin demora, surcaría Monterrey replicando la técnica más o menos como la vio en el andarín mexicano.

Al ser rechazado para laborar en las fábricas regiomontanas, acudió a una convocatoria que se encontró en el periódico: la policía de tránsito buscaba nuevos efectivos. Daniel pasó los exámenes y, a la par de vigilar cruceros, representó a esa autoridad en caminata. Eso lo acercó al marchista Raúl González, quien le sugirió entrenar con Jerzy Hausleber.

En 1973 empezó a sufrir severos dolores en el tobillo. Daniel decidió retirarse, listo para reincorporarse a la policía. Entonces Jerzy, consciente de su inmenso potencial, le inventó que podía continuar con calzado terapéutico, que no abandonara. El marchista siguió gracias a esa mentira piadosa, fija en su mente la filosofía del preparador polaco: jornada sin entrenar da segundos de ventaja a los rivales.

En 1975 rompía el récord mundial y en 1976 se coronaba en los Juegos Olímpicos. Pionero en su casa al leer, fue el primer oro mexicano en pruebas olímpicas de atletismo.

RAÚL RAMÍREZ

EL BIGOTÓN DE ENSENADA

NACIÓ EL 20 DE JUNIO DE 1953

2 TÍTULOS EN DOBLES EN EL TORNEO ROLAND GARROS (1975 Y 1977)

1 TÍTULO EN DOBLES EN EL CAMPEONATO WIMBLEDON (1976)

PRIMER JUGADOR EN ENCABEZAR *RANKING* EN *SINGLES* Y DOBLES (1976)

Con energía digna de las poderosas olas que bañaban las playas bajacalifornianas, Raúl Carlos saltaba de deporte en deporte. Si futbol o básquetbol, si correr o nadar, si con bate o raqueta, quizá lo único que le apasionaba más que la actividad física era la sensación de competir y triunfar.

Tenía diez años cuando su papá, un empresario turístico llamado Raúl Héctor, le pidió que se enfocara en una disciplina. Para su sorpresa, el niño eligió tenis, en el que su mamá destacara a nivel local, pero del que apenas existían dos canchas en todo Ensenada.

Ahí surgió una enorme complicidad entre los dos Raúles, padre e hijo, introduciéndose en ese deporte al mismo tiempo. Comenzaron a jugar como pareja en diversos eventos que ganaron, incluso fueron rivales en una final en la que se impuso el menor con la sospecha de que su progenitor se dejó doblegar. Juntos viajaron para observar varios torneos y analizar a las estrellas, hasta que un día tuvieron a unos metros al ídolo que compartían, el tenista mexicano Rafael Osuna.

Se le acercaron e inició una gran amistad. Mientras que el apodado Pelón conquistaba certámenes por el mundo, paraba frecuentemente en Ensenada, donde peloteaba con ese chamaco que aún se trababa al intentar hablarle. En una de esas visitas llevó a casa de los Ramírez a su entrenador, George Toley, quien invitó a Raúl a pasar el verano practicando con él en Los Ángeles.

Con 13 años se alejó de su familia y entendió cuánto debía esforzarse para acceder a la élite. Más allá del dominio de cada técnica, ese muchacho poseía algo especial: lo combativo y astuto para someter a sus oponentes con corazón y cabeza, infatigable genio de la estrategia. Al lado de Toley terminaría de desarrollar su talento en la Universidad del Sur de California, en donde sería seleccionado como una de las mayores promesas estudiantiles de EUA, y volvería a México para erigirse campeón juvenil.

A los 20 años se convirtió en profesional y no tardó en vencer a las mejores raquetas de la época como Rod Laver, Björn Borg, Arthur Ashe, John McEnroe o Jimmy Connors. Este último fingió que no lo conocía antes de un duelo de Copa Davis en 1975, cuando era el número 1 mundial. Raúl usó el desaire como motivación y lo derrotó con suficiente calidad para refrescarle la memoria a perpetuidad.

Resistente e indomable, participaba en los torneos de Grand Slam en *singles* y dobles sin importarle las ocho horas diarias de acción o las ampollas. Con fuerza de ola ensenadense levantó 79 títulos, incluidos tres de Grand Slam, y se instaló en la cima.

ALICIA VARGAS
LA CRACK TRICOLOR

NACIÓ EL 2 DE FEBRERO DE 1954
SUBCAMPEONA EN EL MUNDIAL DE 1971
TERCER LUGAR EN EL MUNDIAL DE 1970
CAMPEONA DE GOLEO EN EL MUNDIAL DE 1970

En los sermones de esa iglesia en Churubusco se escuchaba cada vez más airada la indignación del sacerdote. ¡¿Cómo podía ser que una mujercita se pasara las tardes jugando futbol entre puros hombres?!

Tanto insistía el cura que Isabel, madre de la aludida, corría por la niña para llevársela de la oreja a su casa en la calle Nadadores casi esquina con Futbol. Nombres deportivos en ese barrio… aunque el deporte, recalcaban, era asunto masculino.

Los Vargas habían llegado de un pueblo en Guanajuato, al no bastar el campo para alimentar a sus siete hijos. En la capital subsistirían con Anastasio como cargador y su esposa, Isabel, lavando ropa ajena. Matrimonio que no vio problema en que sus dos hijos varones practicaran futbol, hasta que se les pegó la hermanita.

Todo empezó cuando en un duelo llanero el balón salió cerca de Alicia y la urgieron a gritos que lo devolviera. Ahí descubrió la pasión de patear pelotas y se integró a los partiditos de coladeritas callejeras de sus hermanos. Al principio la limitaron a pararse de portera, pronto notaron su enorme capacidad y se convirtió en la máxima estrella.

A los 15 años, Alicia fue a un clásico femenil entre América y Chivas. Sin pena pidió al entrenador del Rebaño que la metiera, a lo que éste respondió que no era posible, que había listas oficiales. Al darse cuenta de que quienes jugaban resultaban muy inferiores a ella, suplicó con tal intensidad que concedieron. Con calzado prestado, tan pequeño para su talla que no cabían sus calcetas, recibió la consigna de actuar dos minutitos como lateral. A la primera oportunidad desbordó y dribló a todas para propiciar el gol de la victoria. Ese día la inscribieron.

En esa liga se realizó el selectivo para armar el combinado mexicano que viajaría a Italia en 1970 al primer Mundial femenino de la historia. Sin que nadie pudiera objetarlo, Alicia encabezó la convocatoria.

Sus rivales pensaban que las mexicanas no sabían jugar. Lucían muy bajitas y entrenaban a escondidas, al amanecer, en el jardín de un convento. Para colmo, les faltaba una bandera para desfilar, así que adhirieron un calendario azteca al centro de una insignia italiana y salieron del apuro.

Debutaron en el Stadio della Vittoria de Bari y honraron su nombre: 9-0 a Austria con cuatro goles de Alicia. La prensa italiana la apodó Pelé, pero ella enfatizó que se inspiraba en los dribles de Garrincha.

Le hicieron ofertas para quedarse en un equipo italiano, mas prefirió regresar. En su mente tenía como misión el colocar los cimientos del futbol mexicano femenil.

MARÍA TERESA RAMÍREZ

CONCIERTO DE BRAZADAS

NACIÓ EL 15 DE AGOSTO DE 1954

BRONCE EN 800 METROS EN
JUEGOS OLÍMPICOS 1968

8 OROS EN JUEGOS CENTROAMERICANOS 1970

PRIMERA NADADORA LATINOAMERICANA
EN FINAL OLÍMPICA DE NATACIÓN

Tan pequeñita que le costaba subir al escenario de la Sala Chopin, la niña prodigio caminaba hacia el piano, tierna en su elegante vestido, para deleitar a los asistentes con su ejecución de Mozart.

La pasión musical de Teresita había iniciado a los cinco años en la antigua pianola de la entrada de su casa, cuyos pedales alcanzaba a estirones.

Todo cambió en un viaje a Acapulco, con sus afanes de perseguir a sus cuatro hermanos mayores a la alberca y sus padres en pavorosa alerta. La solución fue inscribirla en clases de natación en el Club Italiano.

Por un tiempo, alternó conciertos y brazadas. Sin embargo, esas dos vocaciones tendían a chocar. Más cuando su entrenador, apodado el Cavernas, notó su enorme facilidad al verla ganar un torneo de natación a los pocos meses de practicar este deporte. Cierto día, la maestra de piano explicó a sus papás que no podría elevarla de nivel recibiéndola tan cansada y con los ojos irritados por el cloro. Muy joven para una decisión de vida, a los ocho años renunció a la música clásica para centrarse en nadar.

Semana a semana mejoraba sus marcas. Competía sin complejos contra adultas que, contemplando su 1.70 de estatura y su rostro de convicción, dudaban de sus doce años. Al pasar ante la Alberca Olímpica en construcción, muy cerca de su casa en la Narvarte, sentía un mariposeo soñando con los Juegos Olímpicos de 1968… aunque los plazos lucían justos, ¿cómo pensar

que a los 14 años estaría lista, máxime que en distancias cortas continuaba fuera de los podios?

Entonces surgió una idea que le desagradaba: mudarse a pruebas de fondo. Finalmente concedió y fue la primera sorprendida con los resultados. Faltaba menos de un año para los Juegos Olímpicos. No le sobraba un solo instante. Entrenaría dos sesiones diarias. Aprendería a administrar su oxígeno y desgaste. Incrementaría su capacidad de modo exponencial. Y, con un dolor tan grande como el que le aguijoneaba en brazos y cuello al despertar, dejaría la secundaria por un año, se alejaría de sus amigas.

Dos competencias conquistadas en Oklahoma, en marzo de 1968, la motivaron a soportar semejante ritmo, lo mismo que estrenar la piscina del Centro Deportivo Olímpico Mexicano rodeada aún por obra negra.

Impulsada por un griterío delirante, voló en la final olímpica de 800 metros. Llegó a la meta tan pegada a su rival que solo al leer su nombre en la pantalla supo que, por una décima, era medallista de bronce. Inesperada interpretación de la *Sinfonía de la Victoria* de Beethoven, brazada a brazada, por Maritere, la que fue niña prodigio del piano.

MARÍA EUGENIA
RUBIO
LA PEQUE DEL GOL

NACIÓ EL 18 DE DICIEMBRE DE 1954
TERCER LUGAR EN MUNDIAL FEMENIL 1970
SUBCAMPEONA EN MUNDIAL FEMENIL 1971
**ELEGIDA OCTAVA FUTBOLISTA DE
LA CONCACAF EN EL SIGLO XX**

Atenta al humear de los cazos de carnitas en ese puesto de la colonia Álamos, doña Mary notaba que, otra vez, desaparecía su hija María Eugenia.

Lejos de ayudarle mezclando o sazonando, escapaba de nuevo a jugar futbol con sus hermanos. Fuera en el patio de la casa, eterna reta, o en la calle de Cádiz, cerrada con basureros a modo de porterías, o en el vecino jardín Xicoténcatl, quizá algún torneo interbarrial, máxima rivalidad contra la Algarín, ubicada al otro lado del Viaducto.

En todo caso, la única mujer en el partido siempre era María Eugenia, a la que ya apodaban Peque, como la bautizó su cuñado. Tan bajita de estatura como hábil desbordando por la izquierda o respondona si ofendían a alguien de su familia, el puño listo como su remate a gol.

Los Rubio Ríos se habían mudado de Querétaro a la capital, dejando atrás una etapa difícil con su padre. Doña Mary sacaría adelante a siete hijos sin siquiera tiempo de adaptación a la gran ciudad. Luchona y orgullosa, apoyaba con tal fuerza la vocación futbolera de María Eugenia que cualquier tarde ella misma se ponía de portera. Si ya era escandaloso que jugara una niña, lo de su mamá se cuchicheaba hasta en la fila de las carnitas que despachaba.

La Peque se aficionó al Cruz Azul cuando su vecino, Antonio Munguía, mediocampista de la Máquina, empezó a regalarle boletos para verlo en el recién inaugurado estadio Azteca.

A los 14 años supo de una convocatoria en el club América para detectar a las mejores mujeres futbolistas. A la primera pelota mostró su superioridad. Driblaba con una facilidad pasmosa. Así que se quedó y pronto integró la selección mexicana.

Todavía sin la FIFA a cargo, en 1970 Italia organizó el primer Mundial femenil de la historia y para allá viajó la Peque. Las tricolores lograron el tercer lugar, ilusionadas porque al siguiente año serían locales.

Ya en el Mundial de 1971, María Eugenia percibió un enorme alboroto camino al Azteca y comentó con sus compañeras que acaso por ahí había algún evento importante. Fue a asomarse por el túnel de ese coloso, en el que tantas veces se sentara como espectadora, y descubrir atónita a 100 mil personas aclamándola. Entre ellos su papá, puntual regreso ante su repentina fama.

Se consagrarían subcampeonas, colocando la piedra fundacional de nuestro futbol femenino. Por esos años, la Peque coincidió con Pelé. Al pedirle un autógrafo, se sorprendió con la respuesta de O Rei: se lo firmaría si ella hacía lo mismo para él.

La estirpe Rubio continuaría con su hermano Sergio como defensa del Cruz Azul.

TEODORO
HIGUERA
EL ZURDO TEDDY

NACIÓ EL 9 DE NOVIEMBRE DE 1957

ELEGIDO EN 1986 AL JUEGO DE LAS ESTRELLAS DE LAS GRANDES LIGAS (MLB)

FINALISTA DEL PREMIO CY YOUNG EN 1986

MARCA DE 94 GANADOS Y 64 PERDIDOS EN GRANDES LIGAS

Los rechinidos de esa maltrecha carreta, jalada por mulas, anticipaban su llegada a los poblados sinaloenses. Aferrado con sus manitas a las cuerdas, Teodoro anunciaba con voz de niño los productos que vendía: quesos, leche, frijol.

Apenas con diez años, apodado Chon por sus hermanos mayores por la rima con correlón y cabezón, seguía la ley de su papá: cuando no estudiaba en la primaria rural, debía ayudar en las tierras de la familia. Personaje muy estricto, llamado Avelino, le prohibía jugar beisbol porque en alguna ocasión vio a unos peloteros beber cerveza tras el partido.

Como la exigencia física resultaba muy dura en las labores del campo, Teodoro comprendió que sus extremidades y cuello dejarían de doler si se ejercitaba. El sol caía a plomo en el Ejido Vallejo, pero ese muchacho cargaba en enésimas repeticiones lo que encontraba, saltaba por encima de un canal y corría en suelos pantanosos a veces con lodo hasta las rodillas.

Al cursar la preparatoria en la vecina ciudad de Los Mochis empezó a pichar y tomó consciencia de que su brazo era especial, de que despedía la bola con potencia, de que la colocaba donde quisiera. Talento que pronto mostró en un torneo de beisbol municipal. Ahí fue visto por un amigo del alcalde de Casas Grandes, Chihuahua, quien le ofreció un buen dinero por llevárselo a jugar hasta ese lugar a más de mil kilómetros.

Teodoro convenció a Avelino, ya muy deteriorado de salud, asegurándole que cuanto ganara se lo entregaría. Con sus primeros sueldos como serpentinero se cultivarían más hectáreas e incluso permitiría que sus hermanos continuaran estudiando.

En Chihuahua lo detectaron los Indios de Ciudad Juárez y así, cuatro años después de comenzar a lanzar, Teodoro debutaba como profesional y se transformaba en novato del año de la Liga Mexicana.

Muchos emisarios de Grandes Ligas lo rechazaron, hasta que uno reparó en que su mente era tan fuerte como su brazo y lo recomendó a los Milwaukee Brewers. En una ciudad con muy pocos hispanos, lo recibieron con racismo. En el vestuario le quemaban las agujetas, le rompían la ropa, lo ignoraban. Calculador para la venganza como al pichar, en silencio se desquitaría poniéndoles sapos y culebras en los zapatos. Los mismos que lo molestaban, le aplaudirían en cuanto apareció como pícher sensación en 1985.

Modificó su repertorio de lanzamientos. Añadió rapidez a su recta. Acarició el premio Cy Young de la Liga Americana. Y todo como estrella de los Cerveceros, pese a los temores de don Avelino, la cerveza solo como nombre de esta novena en las Mayores.

HUGO SÁNCHEZ

EL PENTAPICHICHI

NACIÓ EL 11 DE JULIO DE 1958
BOTA DE ORO 1990 (38 GOLES)
5 TROFEOS PICHICHI
(1985, 1986, 1987, 1988 Y 1990)
5 LIGAS CONSECUTIVAS CON REAL MADRID
(1985-1990)

Se insinuaba la noche y ese niño, apodado el Marabunta, por moverse todo el tiempo, no volvía a casa en el rancho de su tío, el médico Joaquín.

Tantísimas horas sin ver a una criatura de cinco años alarmarían al común de las familias, pero no a esa y menos tratándose de su hijo menor: ya se sabía, Hugo tardaba por estar practicando, en total soledad, con la pelota.

Sin embargo, los Sánchez Márquez no se imaginaban lo que el pequeño repetía hasta tener codos raspados y caderas adoloridas por enésimos vuelos y caídas en terracería. Ejecutaba contra la reja un complicado remate de espaldas que observara hacer a su padre. Don Héctor, futbolista frustrado que se ganaba la vida como mecánico, había realizado la chilena en algún partidito con amigos inspirando a su hijo.

Hugo transformó el asombro por ese acrobático lance en desafío. Más, cuando escuchó a su papá advertir: "Vas a ser el mejor jugador que México haya tenido".

En la colonia Jardín Balbuena goleaba en un estacionamiento, aunque a poca distancia disponía de la Ciudad Deportiva Magdalena Mixhuca, donde lo mismo despedazaba porterías en la cancha de pasto irregular, que efectuaba piruetas en el gimnasio.

Perfeccionó esa última faceta con los consejos de su hermana, olímpica en gimnasia en Montreal 76, justa a la que Hugo también acudió, pero en futbol.

Antes, el destino quiso que Héctor reparara el coche de un directivo del club UNAM, al que solicitó una oportunidad para sus hijos. Así, los dos mayores empezaron carrera, mas no Hugo, con 11 años, muy chico para trasladarse en autobús.

Hugo suplicaba a su hermano Horacio que le consiguiera una prueba en Pumas, incluso le lavaba el coche para convencerlo. Al fin, cuando cumplió 14 años, recibió el ansiado sí. Ese día, el chaparrito con músculos de acróbata anotó cuatro y su ascenso ya no halló límite.

Pronto le llamaron el Niño de Oro. Niño que emigró a España y se armó de disciplina y obstinación para insaciablemente mejorar. Su antídoto contra prejuicios y descalificaciones, goles en cantidad y calidad.

¿Tiros libres? Ensayó infinitos hasta ser de los cobradores más precisos del planeta. ¿Soltura con el balón? La trabajó hasta lograr que su Bota de Oro fuera marcando 38 goles a un toque. ¿Chilenas? Lo que inició en el rancho del tío Joaquín, continuó en el barrio madrileño de Chamartín. Un compañero se burló diciéndole que dejara de aventarse, que los fotógrafos se habían ido. Al verlo volar de espaldas en tantos partidos, su compañero bajó la cabeza y entendió: la chilena se rebautizaba como Huguiña.

SALVADOR SÁNCHEZ
PUÑOS DE LANA

NACIÓ EL 26 DE ENERO DE 1959
MURIÓ EL 12 DE AGOSTO DE 1982

CAMPEÓN MUNDIAL PLUMA CONSEJO
MUNDIAL DEL BOXEO (CMB)

BOXEADOR DEL AÑO EN 1981

MIEMBRO DEL SALÓN INTERNACIONAL
DE LA FAMA DEL BOXEO

Ahí primero fue el mercado y luego el pueblo. Desde la antigüedad, lugar de paso hacia Tenochtitlan, Tianguistenco significa en náhuatl "En la orilla del mercado".

Tianguis de los martes donde el trueque perduró hasta nuestros días y en el que, por cierto tiempo, la pieza más deseada fue un suéter de lana con una cabeza de venado bordada a la espalda. Tan excelsas grecas las tejía un niño, el cuarto de 11 hijos de don Lipe, llamado Chava o Flaco.

La disciplina en esa humilde casa era innegociable, prohibido tocar cerveza o cigarro bajo feroz amenaza de cinturonazos. Además, el estricto Felipe repartía labores entre sus hijos. Alguno ayudaba en la cría de puercos, otro con materiales de construcción, varios en la pesadísima carga y descarga de grava, todos activos desde las cuatro de la madrugada para acudir al colegio con sus tareas ya encaminadas.

Escuela Benito Juárez en la que, quien más destacaba de los Sánchez era el mismo artista del tejido, ese flacucho felicitado por su desempeño en matemáticas. En especial, por su mamá, María Luisa, recibiéndolo con hígados encebollados o albóndigas con verdolagas.

Sin importar lo que comiera, Chava lucía delgadísimo. A los doce años su tío lo acercó a la lucha libre y pensó en practicarla, hasta que cierto día, al inicio de la adolescencia, acompañó a su amigo José a su entrenamiento de box, a 60 kilómetros, en la capital.

Hipnotizado por el cuadrilátero del gimnasio Margarita de la Doctores, el entrenador Agustín Palacios lo invitó a que probara, a lo que Sal se negó por no poder pagarle. Pronto cedió a la pasión, se puso los guantes y entendió para lo que había nacido. Durante semanas fingía ir al colegio, pero en secreto se escapaba a boxear, apoyado por transportistas de su pueblo que le ahorraban el pasaje.

Ya era el joven más prometedor del gimnasio cuando Felipe, encorajinado, supo de su abandono escolar. La reacción fue brutal, jamás lo habían desafiado así, hasta que Chava lo hizo comprender que contaba con un talento único.

Debutó en la Arena Coliseo abarrotada por camiones llegados de Santiago Tianguistenco y fue campeón mundial a los 21 años.

Incansable, corría 15 kilómetros por la sierra en torno a las Lagunas de Zempoala antes de entrenar. Uno de los mejores pugilistas que hayan existido, potente golpeador, su madre colocaba en sus zapatillas una cruz de rama de palma.

Sal tenía 23 años cuando falleció en un accidente vehicular. México entero lloró su partida, la tierra del tianguis aún lo añora, tan breve carrera bastó para un sitio dorado en la historia.

RAÚL ALLEGRE
PATADAS DE GLORIA

NACIÓ EL 15 DE JUNIO DE 1959
GANADOR DE DOS SUPER BOWL CON
LOS NY GIANTS (1986 Y 1990)
CAMPEÓN DEL COTTON BOWL EN 1982
JUGADOR MEXICANO MÁS LAUREADO EN LA NFL

Las torres de bloques tambaleaban a la espera de que el pequeño Raúl las conectara con un puente, sueños de ser ingeniero como su papá.

Una pasión constructora apenas interrumpida al jugar futbol en las calles de Torreón y más cuando, con nueve años, vio ascender a primera al club Laguna, y a su estrella, Manoel Tavares Neco, convertirse en su vecino.

Por esos días, su tío habilitó una cancha y varios muchachos, incluido Raúl, fijaron los postes cavando y tejieron las redes con mecate. Destacaba cobrando tiros libres, poderío atribuido a que también practicaba karate y su patada era de temer. Tanto que en la adolescencia lo buscaría un equipo de tercera división, pero él solo deseaba ser ingeniero civil.

A los 18 años decidió repetir último de preparatoria en un colegio de Shelton, en la esquina noroeste de Estados Unidos, para aprender inglés. Ahí se topó con un deporte que ni siquiera había observado por televisión. Lo poco que entendió fue que el ovoide debía entrar por la rara portería amarilla al ser pateado. Quizá para conocer amigos se acercó y preguntó al coach Jack si podía probar. Empezó por el punto extra y acertó. Lo retrasaron cinco yardas y lo mismo. Continuó atinando hasta pasar de medio campo. Obviamente, se quedó como pateador, aunque en sus primeros partidos tuvieran que explicarle a señas las reglas.

Al cierre de ese año el coach lo grabó pateando. Raúl supuso que pretendía conservar un recuerdo de esa etapa juntos, sin imaginar que mandaría copias a diversas universidades. De vuelta en Torreón le avisaron que la Universidad de Montana lo becaría a cambio de ser su pateador. El problema era que ahí no se impartía ingeniería civil, mas Raúl fue para allá.

Transcurridos dos años, estaba de visita en casa cuando lo contrataron como traductor en unos cursos que daría la NFL, único lagunero que comprendía inglés y futbol americano. Ahí redescubrieron su talento y recibió una oferta para mudarse a la Universidad de Texas, esa sí famosa por su cátedra de ingeniería y su gran equipo. En Austin escucharía algo que no se había planteado: que si le interesaba jugar en la NFL.

Hizo pruebas junto a unos juveniles llamados Dan Marino y Jim Kelly. Lo rechazaron aseverando que nunca pisaría la NFL. Entrenó durísimo, días de 60 intentos de gol de campo, eternas sesiones de gimnasio para ganar peso, hasta que una tarde sonó en su contestadora un mensaje de los Dallas Cowboys: lo querían.

Raúl conquistaría dos Super Bowl con los Giants. Extraño destino, el puente de sus sueños infantiles conectó los dos futboles.

ERNESTO CANTO
EL REY ANDARÍN

NACIÓ EL 18 DE OCTUBRE DE 1959
MURIÓ EL 20 DE NOVIEMBRE DE 2020
ORO EN MARCHA 20 KM EN LOS ÁNGELES 1984
ORO EN MUNDIAL EN HELSINKI 1983
ORO EN PANAMERICANOS 1983

Los ojitos de los hermanos Canto saltaban con antojo de la tienda de golosinas a las monedas que les habían dado para el pasaje de vuelta.

Javier, de nueve años, insistió a Ernesto, de seis, que si usaban el dinero para comprar dulces deberían caminar un par de horas de regreso a casa. El menor aceptó y, durante casi diez kilómetros, avanzó a gran ritmo sin protestar.

No importaba qué deporte practicara con los vecinos por Conscripto, el niño no solo mostraba una fibra especial, sino también su inquebrantable mentalidad. Eso enorgullecía a su padre, el mayor Enrique, ingeniero militar que en su juventud destacara como basquetbolista y, sin que sus hijos lo supieran, en pruebas de marcha.

Los Juegos Olímpicos de 1968, realizados en México, inspiraron tanto a Ernesto que en alguna reunión aseveró que él obtendría una medalla de oro para nuestro país. Pese a que todos rieron con ternura, el muchachito se esforzaría en cada ejercicio físico como si estuviera a días de enfrentar a la élite mundial.

Pasó a secundaria justo cuando un entrenador buscaba talentos para una especie de mini Olimpiada. Sin entender muy bien la razón, Ernesto se interesó en caminata y, a los tres meses, concluyó sexto entre rivales que llevaban años como andarines.

Eso le permitió calificar a una competencia infantil en Monterrey, donde escuchó que el mejor marchista de México, Daniel Bautista, premiaría al vencedor. Decidido a saludar al campeón, desde el inicio tomó la punta y ya no la soltó. Difícil imaginar que en poco tiempo entrenaría con él como parte del equipo nacional.

Los Juegos Panamericanos de 1975 iban a organizarse en Chile, pero el golpe de Estado de dos años antes mudó la sede a la capital mexicana. Siempre pensando en aprender, Ernesto se ofreció como voluntario para observar de cerca cómo se preparaban los atletas.

Cada semana establecía ante sus tres hermanos una meta. Con muslos adoloridos y ampollas en los pies, consumaba la marca pactada y de inmediato fijaba la siguiente.

Una lesión le impidió participar en los Juegos Olímpicos de 1980 por mucho que viajó a Moscú buscando una milagrosa recuperación de último minuto. Ahí comprendió que la dosificación era tan relevante como el sacrificio.

Comenzó un ciclo en el que ganó todo, coronado con el oro en Los Ángeles 1984. Acaso al entrar al Memorial Coliseum como líder, récord olímpico incluido, Ernesto recorría en su extenuada mente las calles de su niñez. Esta vez no caminaba por haber cedido al antojo de golosinas, sino para cumplir la vieja promesa de hacer sonar el himno mexicano.

FERNANDO VALENZUELA
EL TORO DE ETCHOHUAQUILA

NACIÓ EL 1 DE NOVIEMBRE DE 1960
GANÓ LA SERIE MUNDIAL EN 1981
NOVATO DEL AÑO Y CY YOUNG EN 1981
GUANTE DE ORO EN 1986

Cualquiera que dejara la autopista Ciudad Obregón-Navojoa para tomar esa calle de terracería, pensaría que pasaba por una aldea fantasma.

Unas cuantas casas de adobe, el viento sacudiendo el desierto de Sonora, esos cactus llamados etchohuaquila que dan nombre a la minúscula ranchería… y los 12 hijos de Hermenegilda y Avelino luchando para que de tan árido suelo brotara trigo, maíz, garbanzo.

El más pequeño de ellos, Fernando, trabajaba menos, acaso por la tradición de la cultura mayo de consentir al menor de la familia, apodado Xocoyote. Terminada la labor en el campo, convertían un palo en bate y desperdicios en pelota para jugar beisbol.

En vano rogaba Fernando que le permitieran lanzar, aburrido de ser jardinero derecho donde apenas intervenía. Cierto día, cuando tenía 13 años y su equipo caía por paliza, su hermano Rafael accedió. Tras unos fulgurantes *strikes* se acercó a su ubicación, haciéndole suponer que tan pronto regresaría a los jardines. Lejos de eso, tocó con reverencia su zurda, queriendo saber si estaba hechizada, y desde esa noche la cuidó con devoción.

A los 17 años brilló en un torneo en Ciudad Obregón y comenzó su peregrinación por la república. Jugó en Navojoa, Tepic, Guanajuato, hasta que, contratado por los Ángeles de Puebla, lo enviaron a pulirse a los Leones de Yucatán.

En 1979 el cazatalentos de los Dodgers, Mike Brito, llegó a Mérida para analizar a un *shortstop*. Sin embargo, quien capturó su atención fue el joven pícher de los Leones, autor de 12 ponches, y se aferró a él. Cuando Puebla aceptó venderlo por 120 mil dólares, los Yankees ofrecieron 150 mil, pero ya era tarde. El adolescente viajó a Los Ángeles.

Fernando añadiría lanzamientos a su repertorio a una velocidad récord. Dominaría como nadie el tirabuzón, sublimaría rectas y curvas, complicaría a sus cácheres, sin dedos suficientes para solicitar el tipo de bola. En la filial de San Antonio lo bautizaron como Jefe Maravilloso.

Al cierre de la temporada de 1980 lo ascendieron a las Ligas Mayores. Meses después, la lesión del pícher inicialista lo precipitaba a abrir. Ganó sus primeras ocho salidas, cediendo media carrera por partido. Ese año conquistaba la Serie Mundial.

Sin hablar inglés, Valenzuela se elevaría a símbolo sociocultural de Estados Unidos. La *Fernandomanía* daría voz y orgullo a los hispanos por tanto tiempo silenciados. No obstante, su zurda sería exprimida a niveles hoy imposibles y el desgaste lo mermaría. Eso no cambia que el beisbol fue otro desde la irrupción del Toro de Etchohuaquila, durante 17 años ligamayorista.

JULIO CÉSAR CHÁVEZ

EL CÉSAR DEL BOXEO

NACIÓ EL 12 DE JULIO DE 1962
CAMPEÓN MUNDIAL EN TRES DIVISIONES
INVICTO EN SUS PRIMERAS 90 PELEAS
DOS VECES ELEGIDO BOXEADOR DEL AÑO

Para los Chávez era común cambiar de ciudad según a dónde destinaran a su padre, Rodolfo, como maquinista de ferrocarril. Sin embargo, a diferencia de lo sucedido años antes en Ciudad Obregón y Mazatlán, en Culiacán no les cumplieron lo prometido.

Sin otra opción, se instalaron en un vagón de tren arrumbado en la calle. Entre olor a óxido y paredes derruidas, de a poco le añadieron literas y lo convirtieron en un hogar. Su hijo número cuatro, Julio César, repetiría desde entonces a su mamá, Isabel, que ya le regalaría una casa.

Muchacho que vendía periódicos, boleaba zapatos, limpiaba coches. Su pequeño tamaño (de ahí el apodo de Cacho), contrastaba con su durísimo carácter. Cada que perdía en futbol o beisbol se ponía rojo del coraje y exigía revancha hasta ganar.

Al mudarse por fin a una vivienda sólida, en frente les quedaron árboles frutales, así que robaban mangos cuando faltaba comida y el hambre apretaba. Para alcanzar ese huerto debían cruzar un canal. Cierto día la crecida corriente se llevó a Julio, de siete años, y un amigo lo salvó de ahogarse. No obstante, la tragedia llegaría más tarde al fallecer su hermanito Omar arrollado por un coche.

Un vecino solía colocar guantes de box a los chicos y organizar peleas. Después de semanas rogando participar, pararon a Cacho ante un niño muy grandote. Nadie entendió de dónde salió el golpe, pero tumbó a su rival. Poderío de puños que aprovechó para defender a los Chávez de los ataques de una pandilla del barrio.

Sus dos hermanos mayores comenzaron a practicar boxeo a escondidas de su madre, incluso debutaron como profesionales. Julio, de nueve años, prefería otros deportes, aunque de tanto que le ponían los guantes se enamoró del pugilismo y empezó su camino *amateur* en la adolescencia.

Al enterarse, Isabel le pidió que no lo hiciera de nuevo, mas la convenció con una promesa: lo dejaría si perdía una de sus primeras diez peleas. No solo las ganó y frente a adversarios más experimentados, sino de modo contundente y con el coraje, valentía, arrojo, mostrados desde niño.

Varias veces entrenaría contra boxeadores de muy superior peso. Pensaron que no volvería tras las tranquizas que recibía, pero, aprendiendo muy a la mala, autocrítico de lo que tenía que mejorar y aferrado a triunfar, nunca se rindió.

Las iniciales JC significarían gloria eterna a nivel mundial. Entre incontenibles ganchos al hígado y otros golpes de leyenda, el chamaco del vagón oxidado compró a su mamá la casa de sus sueños y más. Su segundo hijo se llamó Omar, como aquel hermanito de trágico desenlace.

ADRIÁN FERNÁNDEZ

PICAR PIEDRA

NACIÓ EL 20 DE ABRIL DE 1963

SUBCAMPEÓN DE LA CHAMP CAR
WORLD SERIES DEL 2000

SEGUNDO LUGAR EN 24 HORAS
DE LE MANS 2007

DA NOMBRE A LA CURVA 12 DEL
AUTÓDROMO HERMANOS RODRÍGUEZ

Cuatro horas de tensión, incertidumbre y claustrofobia. Oculto al fondo de un tráiler, apenas armado por una botella para beber agua y otra para orinar, Adrián sabía que al menor ruido sería deportado y truncaría en definitiva el sueño de convertirse en piloto en Europa.

Viajaba escondido en ese ferry, que cruzaba de Inglaterra a Bélgica, por no tener ni para el trámite de visa. Había dormido las noches previas a la intemperie, aseándose en baños públicos, malvendiendo hasta su radio para comer.

Mientras rebotaba sobre las olas del Canal de la Mancha repasaba su infancia en un hogar de inmigrantes asturianos en la capital mexicana. Aquella obsesión por la velocidad, entre semana en pruebas de atletismo en el Centro Deportivo Olímpico Mexicano, los domingos haciendo motocross con su padre en la Marquesa. Sus juegos con cochecitos en los que imaginaba que era el gran Niki Lauda. La decisión, a los 18 años, de que se dedicaría de lleno al deporte motor. Los inmediatos éxitos nacionales, alternando en 1981 con sus tíos paternos en las 24 horas de México, y una conclusión: para destacar debía desplazarse a Europa.

En Inglaterra le estafaron sus pocos ahorros y no competiría en más de cuatro carreras anuales. Por ello, al surgir la oportunidad como mecánico en Países Bajos, no dudó en esconderse en un rincón de ese camión, todo menos volver a casa habiendo fracasado.

Llegó al pueblo neerlandés de Sint Anthonis.

Por la noche completaba gastos sirviendo bebidas y desde el amanecer trabajaba en un taller. Ahí descubrió, en medio de una polvareda, un coche arrumbado. Propuso al dueño que le permitiera repararlo para correr en el circuito de Zandvoort. Quizá nada más lo convenció por el perfeccionismo y ahínco que ponía cada día en sus diversas tareas. En su debut rebasó a todos y comenzó al fin darse a conocer.

Regresó a Londres bajo condiciones en apariencia más favorables ya como piloto, pero aún necesitado de empleos provisionales como cuidar niños, sacar fotos, cambiar llantas, lo que fuera para subsistir. Se doctoró no solo en tomar curvas y acelerar, también en venderse y buscar apoyos en un mercado por entonces muy limitado en nuestro país.

Con más de 30 años disfrutaría de su etapa dorada en la serie Champ Car, consolidándose como uno de los mejores pilotos de su generación. La opción cómoda hubiera sido quedarse en México y arrasar. Adrián prefirió luchar hasta lo inconcebible para brillar a nivel internacional.

En su apogeo tuvo como aprendiz a un niño tapatío que le decía "tío". Su nombre, Sergio Pérez.

CARLOS HERMOSILLO

DE SANGRE AZUL

NACIÓ EL 24 DE AGOSTO DE 1964

6 TÍTULOS DE LIGA ENTRE 1984 Y 1998

SEGUNDO MÁXIMO GOLEADOR
LIGA MX (294 GOLES)

2 VECES MUNDIALISTA (1986 Y 1994)

Esa mirada bonachona y distraída disimulaba una mente audaz. A los siete años Carlos se mudó a la capital y experimentó la crueldad infantil, recibido en el Instituto Simón Bolívar con *bullying*. Por ejemplo, a diario le quitaban la torta que le mandaba su mamá. Fastidiado, compró un laxante y lo forró con la envoltura de un chocolate. Fue fácil detectar quién le robaba al verlo anclado al baño. No se metieron más con él.

Medidas extremas a las que lo obligó una niñez nómada. Su padre trazaba carreteras para la Secretaría de Obras Públicas, por lo que la familia cambiaba de ciudad a cada año.

Nació en Cerro Azul, en la Huasteca veracruzana, con máximo riesgo por aspirar líquido amniótico en el parto. Conectado un mes a una incubadora manual, los médicos aseguraron que no subsistiría. En cuanto milagrosamente comenzó a sanar, sus papás se convencieron de que una misión especial esperaba al bebé.

Más tarde, instalados los Hermosillo en Acapulco, se enamoró del futbol jugando en la Costera siempre descalzo. Y es que su padre había emprendido un negocio privado y, como consecuencia, surgieron estrecheces, prohibido ensuciar sus únicos zapatos. Por ello, en la noche le retiraban vidrios clavados en las plantas de los pies e incluso en los codos. Y es que Carlitos, llamado Gordo por sus hermanos, era portero como su ídolo Miguel Marín, arquero de su adorado Cruz Azul.

Al moverse a la Ciudad de México siguió de guardameta hasta que encajó cinco goles y prefirió irse al ataque. De la nada, anotar se convirtió en su rutina.

En la adolescencia lo rechazaron innumerables equipos, aunque ninguno tan doloroso como el Cruz Azul con el mismísimo Superman Marín desestimando su fichaje. Terminó en una selección *amateur* que, por azares del destino, se enfrentó al América y ese día Carlos dio un juegazo.

Poco después acompañó a su amigo Joel a la sede americanista. Su conocido no se quedó, mas Panchito Hernández, dirigente águila, recordó a Hermosillo del reciente partido. Lo invitó a su oficina y lo contrató.

Su compromiso entrenando fue tal que, al cabo de tres semanas, a los 19 años, el América lo debutó en primera división. Otro par de años y lo convocaba el Tri para el Mundial de 1986. Casi una década y llegaba, ¡al fin!, al Cruz Azul, del que sería capitán y goleador histórico.

Trazó carreteras como su padre, pero a la portería rival. Astuto para hacerse de recursos, como al ser molestado en la infancia, siempre halló una vía al gol. Ante esa incubadora en Cerro Azul no mintieron: su misión especial fue sacudir redes a borbotones.

DANIEL ACEVES

ENTRE DOS LUCHAS

NACIÓ EL 18 DE NOVIEMBRE DE 1964

CAMPEÓN MUNDIAL JUVENIL EN 1980

MEDALLA DE PLATA EN LOS JUEGOS OLÍMPICOS DE LOS ÁNGELES 1984

DOS VECES CAMPEÓN PANAMERICANO

El ritual se repetía cada semana. Daniel miraba a su papá introducir implementos en un maletín de cuero café: botas, capas, vendas, pantaloncillos.

Se trataba del célebre luchador Bobby Bonales, también conocido como la Maravilla Moreliana, quien antes se sentaba a pintar las botas para que lucieran del color de la capa que portaría en la función de lucha libre.

Si algunos hijos ven a su padre como superhéroe, Daniel no tenía duda: con esa fortaleza, con esa capacidad para volar, con esos disfraces, con carteles que probaban que inauguró las capitalinas Arena Coliseo y Arena México, con una historia desde el orfelinato hasta el estrellato.

Daniel soñaba con seguir sus pasos y sobre la cama practicaba contra un inmenso muñeco amarillo que le había regalado Alba, su mamá. Sin embargo, a los siete años todo se truncó. Se contagió de hepatitis y por mitos de la época, le impidieron moverse durante seis meses en los que, para colmo, lo alimentaron con puras golosinas.

Cuando terminó tan insana convalecencia, el niño tenía problemas de obesidad y crecimiento. Por urgencia de perder peso, empezó a acompañar a Roberto, su hermano mayor, al Deportivo Guelatao en la Lagunilla, cerca de casa. Ahí se entrenaba un tipo de lucha distinto al del gran Bobby Bonales: lucha grecorromana. Roberto disponía de facultades muy superiores, aunque Daniel compensaría el rezago con una entrega total. Los expertos no le daban posibilidades al analizar su cuerpo: poca flexibilidad, manos pequeñas, la estructura de espalda y piernas.

Con apenas 13 años los contradijo de golpe. Daniel conquistó el tercer lugar en el Mundial infantil compitiendo con uniformes ajenos, y fijó su nueva meta: al observar los Juegos de Montreal 1976 decidió que, como Nadia Comăneci o su tocayo Daniel Bautista, ganaría una medalla olímpica.

Por la mañana repetía hasta 400 veces algún agarre, entrenaba siete horas diarias, se machacaba para alcanzar el peso indicado. Por la tarde acudía al negocio familiar de reparación de electrónicos y, atendiendo en el mostrador a glorias como El Santo o Blue Demon, reafirmaba su compromiso de subir al país que hizo de la lucha libre toda una cultura, a su primer podio olímpico en lucha.

A los 16 años se coronó en el Mundial juvenil venciendo al que sería el mejor luchador de la década, Vincenzo Maenza, en escasos cuarenta segundos.

Cuatro años después se colgaba la plata en Los Ángeles 1984. Su ritual había sido diferente al de Bobby Bonales, su género de lucha también, pero fue la excelencia lo que Daniel heredó de su papá.

RICARDO
LÓPEZ NAVA
SU FINITA MAJESTAD

NACIÓ EL 25 DE JULIO DE 1966
CAMPEÓN MUNDIAL EN DOS PESOS
SE RETIRÓ INVICTO TRAS 52 PELEAS Y 16 AÑOS
EL MEJOR BOXEADOR PESO
MÍNIMO DE LA HISTORIA

El paisaje era desolador. Niños inhalando pegamento. Jóvenes alcoholizados arrumbados por las esquinas. Delincuencia.

Ricardo no llegaba a los 12 años cuando ahí, en Tacubaya, unos muchachitos le ofrecían drogas. Sabedores de que ese chaparrón no paraba de canturrear canciones de los Beatles, insistían clamando que los estupefacientes habían ayudado a crear esa música.

Sin embargo, respetó la promesa hecha a sus padres. Hogar donde buena parte de los ingresos como relojero de Magdaleno, su papá, se destinaban a pagar colegios privados, aun con el agua al cuello, para que el menor de sus hijos hallara un futuro. Educación complementada por la pasión lectora de mamá, Ana María, que le llenaba el cuarto de libros encabezados por una versión infantil del Quijote.

Ante la mesa donde los milimétricos dedos de su padre desarmaban y armaban de vuelta relojes, se repetía una frase común en la televisión: "No hay sábado sin box". Sueños de pugilismo que en 1974 fueron pesadilla al caer su ídolo, "Mantequilla" Nápoles, a manos de Carlos Monzón. Ricardo jugaba futbol, escurridizo delantero en los partiditos frente a La Candelaria, mas su anhelo era ser boxeador o piloto aviador.

Tenía 12 años cuando el legendario Cuyo Hernández lo recibió en el gimnasio Baños Lupita para introducirlo en el boxeo. Su madre le regaló un escapulario y recalcó que luchara por ser el mejor en lo que eligiera, que creyera en sí mismo.

Pasaron dos meses en los que no tocó los guantes. Le enseñaron a caminar en el cuadrilátero, a encontrar equilibrio, a plantar la guardia. Había visto la primera de las películas de Rocky y le urgía ya golpear costales. Como el personaje, se levantaba a las cuatro de la mañana a comer asqueado huevos crudos y luego a correr. Paulatinamente, lo pusieron a boxear.

Empezó su andar como *amateur* sin dejar de acudir a la escuela, donde con cariño le decían Frijolito. Ganó todas sus peleas hasta ser campeón nacional *amateur*. Calificó a los Juegos Olímpicos de Los Ángeles 1984, pero, en una decisión muy difícil, lo desechó para incursionar en el profesionalismo.

Medio año después de esos juegos, debutaba y abría una carrera imperial. Al advertir la elegancia de su boxeo, puños con precisión relojera, el cronista Antonio Andere lo apodó Finito. Todavía molestándole que le llamaran así, a los 24 años conquistó el título mundial en Tokio.

El chiquillo que no fue derrotado por la tentación de las drogas tampoco sería derrotado en el ring. Jamás perdería un combate. Sin ser aviador, Ricardo recorrió el planeta cubierto de gloria.

JORGE CAMPOS

COLOR EN DEFENSA Y ATAQUE

NACIÓ EL 15 DE OCTUBRE DE 1966
CAMPEÓN COPA CONFEDERACIONES 1999
SUBCAMPEÓN DE AMÉRICA EN ECUADOR 1993
COMO DELANTERO ANOTÓ 47 GOLES

No creció soñando con el glamur del futbol, ni esperando que su carrera lo sacara de esa casa sin aire acondicionado. Para Jorge el paraíso estaba en el pueblo de Plan de Los Amates, entre deporte y familia, risas y caballos, ganado y mar.

Un niño tan humilde como autosuficiente, aprendería de su abuelo Cunco a hacerlo todo en el rancho con vacas, gallinas, cultivo y pesca.

Su papá, cariñosamente llamado Ñoño, iba y venía con múltiples empleos, enfatizando el mensaje de exigencia y tenacidad. ¿Vida nocturna a 10 kilómetros en la turística Acapulco? Eso no era para sus hijos, concentrados en lo suyo, incluido el deporte: si en el agua, surfear; si en la playa, patear balones en una cancha a la que añadieron porterías de varas de carrizo.

Jorge quería jugar como portero, pero tanto su hermano como su tío contaban con más experiencia atajando. Como el menor no suele elegir posición, lo pusieron en la delantera. Así nació una doble vocación: si vivía entre olas y arena, también podía conseguirlo entre evitar y anotar goles.

Con 15 años tenía poca estatura y menos complejos. Mientras que la mayoría de los aspirantes a defender una meta se preocupan por su altura, Jorge se ocupaba de lo que sí controlaba: saltar más que nadie, desarrollar un físico único, aprovechar su dualidad para pensar como atacante al enfrentarlo y lo mismo al encarar al portero para rematar. Desde entonces anticipar todo y bromear ante todo.

Su padre pidió al exjugador Luis "Chino" Estrada que puliera su talento. En esos intensos ejercicios, Jorge se deshizo codos y rodillas rebotando sobre piedras, mas se doctoró como arquero.

El propio Chino se lo recomendó a Miguel Mejía Barón, quien, llevándoselo a Pumas, se impactó con sus condiciones y le aseguró que llegaría a profesional en la posición que decidiera.

Le costó dejar su paraíso guerrerense para instalarse en la capital. De inicio, la nostalgia lo abrumaba tanto que cada que juntaba dinero para un autobús, volvía a casa aunque solo fuera para oler el mar por unas horas. En la UNAM sobraron los apodos (Acapulco, *Surfer*, Lanchero) y la confianza: empezó como delantero y, al acumular veintidós goles en un año, regaló sus guantes asumiendo que ya no regresaría bajo los postes. Luego fue necesario un guardameta en Pumas y como tal se inmortalizaría en la selección hasta ser nombrado el tercero mejor del mundo.

Célebre a nivel internacional, en Los Amates nada cambió: ni ese plácido rincón en el que todos son o se consideran primos ni que ya siendo reverenciado en el planeta lo mandaran a comprar tortillas.

ALBERTO
GARCÍA ASPE

CAPITÁN CAÑÓN

NACIÓ EL 11 DE MAYO DE 1967
SUBCAMPEÓN COPA AMÉRICA 1993 Y 2001
CAMPEÓN COPA CONFEDERACIONES 1999
TRES VECES MUNDIALISTA (1994, 1998 Y 2002)

La misión tramada por ese niño de cinco años se disimulaba en su serio semblante. Al enterarse de que sus tres hermanos mayores serían registrados para jugar en el Centro Asturiano, consiguió a escondidas su acta de nacimiento y las fotografías para inscribirse.

Muy independiente desde pequeño, Beto presentó sus documentos en el equipo Sella, llamado como el río que atraviesa Asturias. Le indicaron que le faltaban dos años para la edad, pero insistió hasta que lo admitieron y, con palabras apenas audibles, explicó que era portero.

A diferencia del resto de su familia, de afición puma, Beto amaba al Cruz Azul por su devoción al guardameta Miguel Marín, a cuyo restaurante iba esperanzado con verlo. Ser el menor y más bajito del Sella dificultaba que defendiera el arco, así que lo hicieron volante. Ahí desarrolló una personalidad que asustaba a propios y extraños. Gritón, imposible de amedrentar, luchaba como nadie.

A los 12 años acudió al Estadio Azteca para observar a la Máquina logrando otro título de liga. En ese escenario, muy cercano a su casa, se visualizó levantando él mismo los trofeos.

Su potente zurda acaparó reflectores al enfrentar con el Colegio México a divisiones inferiores de clubes profesionales. Goles de medio campo, parábolas desde el costado, mezcla de poderío y precisión. El seguimiento llegó hasta un certamen escolar.

La infancia completa burlándose de sus hermanos al vencer Cruz Azul a Pumas y, curioso destino, a los 13 años se integraba a la cantera universitaria para de inmediato ser campeón sub-15. Todos ahí lo admiraban y reconocían… menos el entrenador.

En 1982 se organizó en España, a la par del Mundial, un torneo entre divisiones menores de equipos de todo el planeta. Enorme resultó la sorpresa entre sus compañeros al saber que, sin justificación, excluían a Beto del viaje. Ya iba a dejar el futbol cuando Memo Vázquez, cabeza de esa cantera, lo rescató. Fue llevado a España y, tras cargar a la UNAM hasta cuartos de final, subido a Reserva. Cada jornada se quedaba horas extra para pulir su disparo al lado del estelar Ricardo Ferretti. Dos años después debutaba en primera categoría.

Un proceso trastocado por dos graves lesiones. En especial, la segunda, a los 22 años, complicada al grado de no caminar por semanas. Aplicó a su rehabilitación la misma fiereza que ponía en la cancha y regresó más fuerte. Fiereza con la que fue líder máximo de la selección y, con ella, cumplió el viejo sueño: coronarse en el Azteca. En la cima, como al inscribirse de niño, su rostro no perdió la seriedad.

VINICIO CASTILLA

PODER OAXAQUEÑO

NACIÓ EL 4 DE JULIO DE 1967

LÍDER DE CARRERAS PRODUCIDAS
DE LA LIGA NACIONAL EN 2004

320 CUADRANGULARES EN GRANDES LIGAS

2 VECES PARTICIPÓ EN EL JUEGO
DE LAS ESTRELLAS DE LAS
GRANDES LIGAS (MLB)

Durante las más de ocho horas en autobús desde Zacatlán de las Manzanas, Carlos Castilla dividía su mente en dos temas: el puesto de trabajo como maestro de primaria que lo esperaba en Oaxaca y rememorar momentos en la historia de su amado beisbol.

Incierta, a su lado rebotaba en el asiento su esposa Carmelita, imaginando que quizá pronto volverían al pueblo.

En una unidad del Infonavit se instalarían y ahí nacerían sus tres hijos. Al segundo lo llamaron Marco Vinicio, un tanto en honor del aguerrido senador romano, otro tanto por el beisbolista veracruzano Vinicio García, quien llegara a Grandes Ligas.

Los niños serían becados en un colegio privado porque ahí impartía clases su padre, quien por las tardes cumplía con otro turno laboral. Solo así los Castilla crecieron sin hambre e incluso con algún lujo, como cuando a los cinco años regalaron a Vinicio su primera manopla.

Todos jugaban futbol en el recreo. Vinicio se integraba como delantero, aunque sin sentir lo que le generaba el beisbol. Esperaba ansioso el sábado para batear y fildear en un campo que su papá habilitó cerca del Rastro. Estricto, disciplinado, predicando con el ejemplo, Carlos exigía entrega total a sus hijos.

El talento de Vinicio como *shortstop* fue detectado en 1985 en un torneo local y su vida comenzó a cambiar. Pronto lo contrataron los Saraperos de Saltillo de la Liga Mexicana, mas todavía desapercibido para los ojeadores de Estados Unidos, obsesionados con los pícheres y por hallar al nuevo Valenzuela. Tampoco ayudaba la escasa corpulencia de ese flacucho oaxaqueño.

En 1990 al fin pusieron su mirada en él los Atlanta Braves. Castilla viajó pensando que el sueño americano sería automático. Ya era estrella en México, pero al norte de la frontera empezaría de cero. Lo enviaron a la menor categoría del beisbol estadounidense en Sumter, Carolina del Sur. No hablaba ni pizca de inglés. Estaba solo. Extrañaba los licuados de Carmelita. El salario no daba ni para alquilar un apartamento, con lo que durmió varias noches en estacionamientos para tráileres.

Ya se iba a regresar a México cuando recibió una carta de su papá. Ahí le recordaba los anhelos de su infancia. Ahí le repetía lo mucho que ya había luchado. Ahí lo conminaba a no claudicar. Vinicio se quedó. Si don Carlos sacó adelante a su familia con dos empleos, él saltaría a la cúspide entrenando el doble, exhausto en sesiones eternas en el gimnasio, puliendo su técnica al milímetro.

Con Zacatlán en un brazo y Oaxaca en el otro, Vinny pegaría más de 300 cuadrangulares en las Mayores.

CLAUDIO SUÁREZ

EL EMPERADOR DEL TRI

NACIÓ EL 17 DE DICIEMBRE DE 1968
TRES VECES MUNDIALISTA (1994, 1998 Y 2006)
SUBCAMPEÓN COPA AMÉRICA 1993
CAMPEÓN COPA CONFEDERACIONES 1999

El recorrido de ese niño por las calles pedregosas de Texcoco se anticipaba en el resonante taconeo de sus pisadas. Los únicos zapatos que tenía Claudio eran unos tachones de futbol, calzado heredado por sus hermanos mayores, de uno al siguiente en edad, así como con todas las prendas.

Cerca del monumento a Nezahualcóyotl, emperador de Texcoco, ese quinto hijo de nueve no podía soñar con imperio alguno. Su amplia familia dormía apretada en dos habitaciones y comía carne como excepción.

Su padre, Vicente, conducía ambulancias y repartía medicamentos por el país en camión. Cierto diciembre, Claudio lo acompañó hasta la remota Mexicali, unos 3 mil kilómetros, congelándose al carecer de ropa para el invierno del desierto bajacaliforniano.

Frente a su casa, solo cruzar un andador, había una cancha de terracería que incluía matorrales de maíz junto al manchón penal. Ahí se jugaba con sus hermanos la obligación de ayudar en el hogar a mamá. Limpiar baños y lavar trastos dirimido, como todo con los Suárez, con el balón.

Trabajó como cerillo en el mercado, peón en construcciones, recogebasura. Dinerito que, a los 14 años, cuando ya destacaba, le permitió irse a probar a Pumas, club que amaba por Hugo Sánchez. Lo aceptaron, mas abandonó por no alcanzarle para el pasaje. Entonces acudió al Atlante, menos lejos, pero no le definieron si lo querían.

A los 18 años volvió a la UNAM, esta vez para quedarse. Escaló veloz hacia reserva profesional, ante las envidias de quienes venían de divisiones inferiores. Malas caras para las que no tenía tiempo. Salía a las cinco de la mañana de Texcoco para entrenar a las nueve y regresar en la tarde a cursar la preparatoria. Corría uno de los cinco tramos del trayecto para que rindieran los centavos, además de ayunar largas horas porque comprar una torta resultaba irrealizable.

Otro problema fue derribar a las adicciones que capturaron a su hermano mayor. Concentrado en el deporte, Claudio resistió la amenaza de alcohol y drogas.

Pronto debutó en primera como delantero, aunque continuó jugando a escondidas en el barrio, donde humildes equipos como Trece Negro y Conchita le pagaban más que los mismísimos Pumas. Solo con esos ingresos podía moverse diario a Ciudad Universitaria.

Imposible imaginar lo que sucedería al pasar a la defensa y emerger como líder nato. Apodado Emperador, idolatrado por cada afición a la que representó, campeón con UNAM y Chivas, récord de partidos con México, Claudio reinaría dos décadas en todo estadio que pisó.

Pisadas con tachones, como en la infancia cuando no tenía opción.

LUIS HERNÁNDEZ

EL MATADOR

NACIÓ EL 22 DE DICIEMBRE DE 1968
4 GOLES EN LA COPA DEL MUNDO 1998
CAMPEÓN DE GOLEO COPA AMÉRICA 1997
CAMPEÓN DE LIGA CON NECAXA Y AMÉRICA

Un camión de bomberos avanzaba por las calles de Poza Rica. Atrás, entre mangueras y extintores, se sentaban apretados los integrantes de un equipo infantil llamado Chivitas. La sirena resonaba sin importar el marcador, fuera para celebrar la victoria o animar luego de una derrota.

Al volante iba don Fructuoso Carreón, heroico apagando fuegos y salvando vidas en desastres, en refinerías, abuelo materno de dos jugadores, los hermanos Carlos y Luis.

El padre de esos dos niños había fundado el club. Felipe, apodado Perro desde que defendía ferozmente en segunda división, creó a las Chivitas molesto porque en el equipo anterior no metían a sus hijos. Siendo él cruzazulino y su esposa americanista, coincidieron tras arduas negociaciones en usar el nombre de otra institución y bautizarlo como Chivitas.

Una familia incorporada a la rutina petrolera de Poza Rica, con Felipe como empleado de Pemex, con su casa en la colonia Chapultepec a unos metros del Pozo 13. Espacio de alta seguridad y sensibilidad, pero cuyo tamaño resultaba idóneo para practicar futbol entre maquinaria pesada, olor a combustible y huellas de excavaciones. Contra toda norma, ahí jugaban los dos Hernández, a menudo descalzos, rematando a porterías delineadas por tambos. Mayor por un año, Carlos era el goleador y *crack*, mientras que Luis siempre salía con alguna locura y ponía el corazón entero. Cuando lograban ahorrar, producto de trabajar en Pemex en vacaciones pintando tubos, cerraban el juego con un coctel de camarón en la esquina.

Luis no se visualizaba como futbolista. Antes le atrajo la lucha libre y ensayó llaves con la máscara de El Solitario. Después quiso ser torero hasta que supo de la cornada sufrida por Curro Rivera. Entonces pensó en el futbol americano, idea abortada ante la lesión del *quarterback* Dan Pastorini.

Así que siguió pateando balones y, apenas a los 18 años, la reserva del Cruz Azul lo detectó en un combinado veracruzano. Tres años más tarde debutaba en primera. Lento para llegar y para consagrarse, rebelde e indomable, su carrera dio un giro en 1994 llevando al Necaxa a numerosos títulos (uno de ellos, entre lágrimas, contra su hermano en la final). A los 27 años se estrenó con la selección mexicana, historia de glorioso clímax en Francia 1998.

Si su papá jugó ante Pelé en Poza Rica pese a no haber pasado de segunda división, Luis sería compañero de Maradona en Boca, pese a que ni él lo esperaba. Su clave, la entrega total: pelear cada pelota acaso con el frenesí con que su abuelo bombero se colaba entre escombros y llamas.

PATRICIA VALLE

ALAS PARA NADAR

NACIÓ EL 7 DE FEBRERO DE 1969

11 MEDALLAS PARALÍMPICAS ENTRE SÍDNEY 2000 Y RÍO 2016

MÁS DE 23 MEDALLAS EN MUNDIALES

IMPUSO CUATRO RÉCORDS MUNDIALES

Ante las burlas por tener una discapacidad, Paty nunca reaccionó peleando sino demostrando. Estaba habituada a que al paso de su silla de ruedas sonaran risas. Ingresó a ese colegio en Cuernavaca luego de que su madre luchara hasta probar que su hija no podía caminar, pero sí estudiar con normalidad.

Por eso su terquedad con recibir las mejores calificaciones, y en orillar a los chicos más prejuiciosos a suplicarle compartir equipo. Por eso y por el ejemplo de mamá, doña Soledad, saliendo a las cinco de la madrugada a vender sábanas para sacar adelante a su familia.

La tercera de siete hermanos, Patricia padeció poliomielitis siendo bebé. Como consecuencia perdió movilidad en las piernas, aunque jamás los sueños… y el principal era que su madre disfrutara de una vida tranquila. Lectora empedernida, recitaba la frase de Frida Kahlo: "Para qué quiero pies, si tengo alas para volar".

Se ejercitaba en la piscina como parte de su rehabilitación entre deleznables protestas de nadadores "por si su enfermedad era contagiosa". Sin inmutarse continuó hasta superar la adolescencia e incursionar en la carrera de Administración e Informática. Ahí se le acercó una persona también con secuelas de polio, encargada de limpiar los salones. La invitaba a meterse de lleno en el deporte. Insistió y lo logró.

La esperaba la helada alberca Fidel Velázquez del IMSS con un tono verde como para ocultar qué insectos escondía. Rodeada por nadadores con todo tipo de limitaciones físicas, descubrió la magia de sobreponerse a todo, mas le faltaba convencerse.

Cierto día se topó con Fernando Vélez, quien sin preámbulo le dijo que deseaba entrenarla. Patricia respondió que no tenía tiempo: por las mañanas trabajaba como capturista en el entonces Instituto Federal Electoral (IFE), por las tardes estudiaba. Aferrado, le explicó que empezaría a cualquier hora para aprovechar ese cuerpo ideal: manos grandes, brazos largos, espalda ancha, tremenda flexibilidad. Casi por descartar, Paty sugirió entrenar a las cuatro de la madrugada. Fernando aceptó.

Las sesiones eran pesadísimas. Lloraba del dolor. Se acostaba pensando que al despertar lo dejaría. Solo resistió al notar que sus marcas mejoraban.

Dos años después, viajó a la cuna del paralimpismo, Stoke Mandeville, Inglaterra, y ganó cuatro oros.

A los 31 años debutó en Paralímpicos, Sídney 2000, e inició un camino de once medallas en cinco Juegos Paralímpicos. Llegó a ser la competidora con más récords en natación paralímpica del mundo.

La niña a la que no permitían entrar a la escuela hizo alas de sus brazadas para volar.

LUIS GARCÍA
EL NIÑO ARTILLERO

NACIÓ EL 1 DE JUNIO DE 1969
SUBCAMPEÓN COPA AMÉRICA 1993
DOS GOLES EN EL MUNDIAL EUA 1994
JUGÓ EN ATLÉTICO DE MADRID
Y REAL SOCIEDAD

El nombre de Pitágoras, patriarca de las matemáticas, se leía en la señalización de esa calle en la colonia Narvarte. Invitación a contar los goles que Luis metía a borbotones en porterías improvisadas o los diversos deportes que, etapa a etapa, atraerían a ese inquieto niño.

Vivía tan pegado al Parque del Seguro Social que en su cama escuchaba las aclamaciones por un *home run*, estadio al que iba muy seguido con su padre. Ese papá, ingeniero del que heredó el nombre, que por trabajar en el diseño de Ciudad Satélite recibió ahí un terreno al que los García Postigo se moverían.

La mudanza, 20 kilómetros al norte, modificó muchas rutinas. El templo del beisbol dejó de ser su vecino. Ahora tenían cerca un club deportivo en el que, incansable, Luis parecía capaz de competir en todo el mismo día.

Destacaba en natación. Empecinado en siempre ganar, costaba entender de dónde sacaba fuerza al final de las carreras para un último estirón que garantizara el triunfo.

Sin embargo, hacia los diez años cambió las brazadas por balones. Se integró a un equipo extrañamente llamado "Los pandilleros". Ahí fue guardameta hasta que, cierta tarde, faltó el delantero centro, lo mandaron al ataque y anotó tantos goles que no regresó a la portería.

Ya con 15 años participó en un torneo en el que se buscaban prospectos para la selección mexicana que acudiría a China al primer Mundial infantil, por entonces categoría sub-16. En la tribuna se encontraba Bora Milutinović, director técnico del Tri mayor, cuya atención quedó capturada por la valentía e instinto goleador de ese muchacho rubio. Luis viajaría a la Copa del Mundo y volvería con la noticia de que el club de sus amores, el América, lo pretendía.

Bora alertó a los Pumas, a los que recién había entrenado, de que estaban por perder ese talento. En una muy complicada decisión, Luis priorizó el desarrollo que hallaría en un equipo formador, como la UNAM, por encima de las Águilas de las que era aficionado.

Llegó a Ciudad Universitaria sin sospechar lo rápido que todo avanzaría. A los 17 años debutaba mostrando niveles de seguridad atípicos para su edad. No importaba cuántos remates fallara, jugaba convencido de que concretaría la siguiente oportunidad. Además, cotejo a cotejo aprendiendo, mejorando, perfeccionando su fulminante disparo de media vuelta.

Eso lo llevó a dos títulos de goleo consecutivos y a saltar al Atlético de Madrid, en el que se presentó con una temporada de ensueño. Determinado como al nadar en la niñez, lo sería después como gran comentarista televisivo.

ESTEBAN LOAIZA

EL BRAZO DE LA FRONTERA

NACIÓ EL 31 DE DICIEMBRE DE 1971

DOS VECES LLAMADO AL JUEGO DE ESTRELLAS

LÍDER DE PONCHES DE LA LIGA AMERICANA EN 2003

IGUALÓ RÉCORD MEXICANO DE VICTORIAS EN UNA TEMPORADA DE AS GRANDES LIGAS (MLB)

No importaba de qué materia se tratara, Esteban pasaba la clase dibujando diamantes de beisbol y peloteros, ajeno ya fuera a matemáticas, gramática o lo que sea que se impartiera.

Concentración que el muchachito reservaba para el domingo, cuando acudía a ver jugar beisbol a su papá, Luis Antonio, en una liga *amateur* de San Diego.

Vida apegada a esa frontera mexicoestadounidense que sus padres cruzaron recién casados. Ahí trabajaron en lo que pudieron, incluido vender tamales, hasta ser deportados a Tijuana con María del Socorro embarazada de su segundo hijo. Recién instalados en el lado mexicano, Esteban nació de manera prematura y se crio bajo profunda preocupación escolar por su déficit de atención.

Cuando el niño tenía seis años, los Loaiza volvieron a California para quedarse. Apodado en casa el Conejo, por sus prominentes dientes, Esteban crecería entre dos idiomas, aunque ninguno lo dominaba como el del beisbol… y surgía un problema. Que la inscripción en el equipo infantil costaba una cifra prohibitiva para sus padres.

Las semanas de espera se convirtieron en meses, con Esteban frustrado de observar en el montículo a chicos menos talentosos que él. Sufrió en silencio. Lloró a solas. Asumió que quizá seguiría un camino como el de su papá, dependiente no sólo de hallar empleo, sino de que se cumpliera pagándole lo pactado y se respetaran sus derechos laborales, desprotegido al carecer de documentos.

Cierto día, los Loaiza supieron que alguien había abonado la inscripción de su hijo. Tras investigar conocieron su identidad: un *umpire* conmovido por notar al pequeño tan deseoso de jugar y consciente de su potencial.

De inmediato, las calificaciones de Esteban mejoraron en el colegio. Al tiempo, su brazo no dejó de madurar, rectas propulsadas desde tan adolorida alma. A los 19 años fue detectado por un visor de los Diablos Rojos. Se mudó a la capital mexicana para instalarse en la casa club, a espaldas del Parque del Seguro Social.

Pronto su vida daría otro vuelco al ser adquirido por los Pittsburgh Pirates. Faltaban tres años y mucho aprendizaje para que llegara a Grandes Ligas, pero al fin emergía la luz en ese túnel.

Durante 14 años lanzaría en las Ligas Mayores y se elevaría a segundo serpentinero mexicano con más victorias, apenas detrás de Fernando Valenzuela, acariciando en 2003 el premio Cy Young.

Una vez retirado, amasada una fortuna que lucía inagotable, Esteban Loaiza fue sentenciado a prisión por narcotráfico. El niño que se estabilizó gracias al beisbol salía del precario balance terminada su carrera.

CUAUHTÉMOC BLANCO

FUTBOL DE BARRIO

NACIÓ EL 17 DE ENERO DE 1973
3 GOLES EN 3 MUNDIALES (1998, 2002 Y 2010)
CAMPEÓN COPA CONFEDERACIONES 1999
3 VECES TERCER LUGAR EN COPA
AMÉRICA (1997, 1999 Y 2007)

En los abismos más marginales de México, en el barrio de Tlatilco (en náhuatl, "lugar oculto bajo tierra"), se escondía un niño tan acostumbrado al hambre como a luchar.

Todos los integrantes del equipo Impala se parecían en sus profundas carencias, pero solo Cuauhtémoc necesitaba que le prestaran uniforme. En esa liga el único club que contaba con ciertos recursos le ofreció ropa y comida por jugar para ellos. La respuesta del muchachito fue tajante: hambriento y harapiento, prefería quedarse con sus amigos.

Criado por su madre, doña Tencha, y con su bisabuelo Baldomero como lo más cercano a una figura paterna, el reino de Cuauh era una cancha recortada por las vías del tren. Ahí, pulía dos armas: por un lado, tal dominio del balón como para inventar a diario una manera de eludir rivales; por otro, un carácter digno del de su mamá, supervivencia adaptada al futbol.

Aunque escuchaba burlas por su postura desgarbada, Cuauhtémoc solía imponerse; ya fuera con las gambetas más humillantes o con su agilidad mental para repartir apodos.

Desde los ocho años se había autoempleado: lavó coches, despachó videos piratas en Tepito, vendió sabanas en la calle, resignado a que lo del futbol no funcionaba. Su abuela lo llevó al Atlante, sin que la cantera azulgrana lo tomara en serio. A ese rechazo se añadió el del América, donde lo probaron como defensa, renuentes a creer que con ese andar tuviera tanta habilidad.

Ese día, Cuauh se marchó llorando, rogando que le dejaran mostrar su talento como delantero, mas se limitaron a decirle que en cualquier posición brillaría si fuese tan bueno.

Con calcetas raídas y zapatos rotos, en 1989 arrasaba en un torneo entre las delegaciones de la capital. Un cazatalentos le aseguró que el América ahora sí le quería en el ataque. Orgulloso, puso como condición que lo esperaran a terminar su certamen, que antes no abandonaría a su equipo. Primero campeón de barrio, luego las tentativas de profesionalismo. Quien nunca nada tuvo se permitía posponer el dinero.

Para llegar a las instalaciones de Coapa transbordaba varias veces y caminaba largos tramos para abaratar el traslado. Lo que no gastaba en pasajes, iba directo a la bolsa de su mamá.

Poco después, cuando presentó su Cuauhtemiña en el Mundial 98, Tlatilco, ese lugar oculto bajo tierra, se hizo visible a través suyo.

Donde los demás se engarrotaban por la presión, él se divertía. Juego tan creativo como quienes deben hallar cómo subsistir, juego tan bravo como quienes no tienen la excusa como posibilidad, juego pícaro como solo el Cuauh.

MARÍA DE LOS ÁNGELES
ORTIZ
LA LEONA DE MÉXICO

NACIÓ EL 18 DE FEBRERO DE 1973

DOS OROS Y UNA PLATA EN
PARALÍMPICOS (2008, 2012 Y 2016)

CINCO VECES CAMPEONA MUNDIAL

IMPUSO 15 RÉCORDS MUNDIALES

E sa imagen de Víctor Ángel como pícher estrella en el equipo de Pemex impulsaba a su hija mayor, María de los Ángeles, a demostrarle que ella también podía destacar en el deporte.

Se aburría pronto de jugar a las muñecas con su hermana. Entonces buscaba una pelota, patinaba en las calles más empinadas de Villahermosa, competía y ganaba hasta en baile zapateado.

Cierto día notó en la clase de educación física que unos jóvenes aventaban una especie de esfera plateada. Su tentación por esa enigmática disciplina creció hasta desobedecer a su profesor de atletismo y correr hacia ese sitio. Se contorsionó para levantar la bala y la lanzó tan lejos que la integraron al equipo. A los 15 años clasificó a un torneo intercolegial en Los Ángeles, pero su padre, deseando que priorizara la escuela, le impidió viajar.

Angie continuó sus estudios en Veracruz, donde en semanas pasó de desconocer las reglas del básquetbol a ser campeona.

A los 21 años caminaba por la banqueta para tomar el autobús a la universidad cuando escuchó el más feroz rugido de coche. Antes de girar la mirada, ya la habían arrollado. Al volante iba un muchachito en extremo estado de ebriedad que escapó. Sumida en un dolor inenarrable y con la pierna izquierda desmembrada, esperó casi una hora a la ambulancia.

En el hospital padeció innumerables negligencias. El personal se preocupaba por obligarla a firmar exculpando a quien la atropelló y no por atenderla. Se le infectaron las heridas. Con muchos problemas su familia la cambió de sanatorio. Su hijita temía acercársele. Su papá se infartó. Angie lloraba al pensar en lo que ya no podría hacer sin una pierna… Y el agresor, por tener influencias, libre.

Durante sus dos meses hospitalizada se topó en el televisor con los Paralímpicos de 2004 sin visualizarse ahí. Al llegar a casa y tropezar con las muletas, una vecina en silla de ruedas se presentó ante ella: Estela Salas, doble medallista en Atenas. La invitó a probar en el deporte adaptado. Angie se negó hasta que la insistencia fue demasiada.

Al primer lanzamiento recordó la pasión de su infancia. Mientras se marchaba, supo que había calificado al torneo Nacional. Medio año después, se coronó con récord. Todavía no se decidía a seguir cuando le mencionaron los Parapanamericanos 2007. Su padre le rogó que corrigiera su error del pasado y acudiera. Se colgó el oro.

María de los Ángeles brillaría en cuanta competencia disputó, incluidos Beijing 2008, Londres 2012 y Río 2016. Incontenible contra todo rival y obstáculo, la mejor del planeta, le apodaron Leona.

FERNANDO PLATAS

EN HONOR DEL APELLIDO

NACIÓ EL 16 DE MARZO DE 1973

MEDALLA DE PLATA EN LOS JUEGOS OLÍMPICOS DE SÍDNEY 2000

MEDALLA DE PLATA EN MUNDIAL 2001

ABANDERADO MEXICANO EN DOS JUEGOS OLÍMPICOS

Sin mostrar mínimo interés, Fernando pasó por cada deporte impartido en la Unidad Cuauhtémoc.

Su padre, preocupado por su asma, quería que el pequeño mejorara su condición física. En especial, luchó por mantenerlo en natación, disciplina practicada por sus dos hijos mayores (llegarían a Juegos Centroamericanos), aunque con el menor fue inútil. El niño por el que en la mañana recibía tantos reportes escolares de mala conducta, en la tarde solo se recostaba a mirar caricaturas.

Como última opción estaba clavados. Al ubicarse el trampolín junto a los talleres de electricidad y bordado, Fer pensó que eran algún tipo de manualidad. Toda vez que comprendió de qué se trataban, fingió que asistía, pero huía por debajo de la reja y se mojaba el cabello antes de ser recogido.

Un sábado no le quedó alternativa al saber que su papá iría a verlo y, resignado, saltó al agua sin sospechar la fascinación. Salvador Sobrino, olímpico apenas meses antes en Moscú 1980, fue el entrenador que consumó el milagro de acercar al deporte a ese niño de siete años. La magia de pararse de manos, de elevarse, del desafío: al subir a la plataforma de diez metros resultaba forzoso descender en vuelo y no a pie.

Siguió bromista y creativo para las travesuras, aunque descubrió una disciplina que lo llevaría a destacar desde los 12 años. Su talento crecía categoría a categoría, mas faltaban sinsabores.

En 1989 se pegó tal panzazo que hasta su traje de baño se rompió. O en los Panamericanos de La Habana 1991 caería del todo descompuesto y lo calificarían con cero. Consultado sobre qué le dolía, respondió que el orgullo… pero el daño físico obligó a cirugía. Por eso, llegó a su debut olímpico, Barcelona 1992, con pocos entrenamientos y ni avanzó a la final.

Atlanta 1996 era su evento y él mismo multiplicó la presión al comprometerse a una medalla que no logró. Con 23 años se sentía un fracaso. Le urgía un cambio. Entonces comenzó a entrenar con Jorge Rueda, quien abrió lanzando una orden: volver a divertirse.

De nuevo disfrutó, pese a los demoledores 70 mil clavados anuales que efectuaba. En su mente se visualizó otra vez en un podio, capaz de la mejor ejecución en el momento cumbre, y así se presentó en Sídney 2000.

Ahí requería cerrar perfecto para acceder a medallas. Camino al trampolín respiró hasta controlar el más inoportuno temblor de piernas. Se repitió que bastaba con hacer lo que dominaba para la meta. Voló implacable a la plata. Arañó el oro.

En clavados, última escala deportiva en la desesperación de papá, entró a la eternidad.

AMALIA PÉREZ
LA MEJOR DE LA HISTORIA

NACIÓ EL 10 DE JULIO DE 1973

4 OROS Y DOS PLATAS EN JUEGOS PARALÍMPICOS (DE SÍDNEY 2000 A TOKIO 2020)

MÁS DE CATORCE RÉCORD MUNDIALES

12 VECES CAMPEONA MUNDIAL (ENTRE 1991 Y 2021)

Los doce hermanos de Amalia se unieron por una meta: ahorrar para comprarle entre todos su primera silla de ruedas, necesaria ante el viaje a Estados Unidos para su primer campeonato mundial.

Hasta entonces, ya con 20 años, Amalia se movía en muletas. Eso la obligaba a dejar de madrugada su casa, en una vecindad en la Lagunilla, para evitar aglomeraciones en el transporte público.

Durante el embarazo, su mamá había padecido una caída por las escaleras que le adelantó el parto. Por ello nació seismesina. Sin que sus huesos y músculos alcanzaran a desarrollarse, con los médicos temiendo lo peor, desde bebita probó ser de hierro.

Sus primeros cinco años los vivió en hospitales, sometida a operaciones sin límite. Al salir de ese ciclo, sus padres encontraron una escuela idónea para atender su malformación congénita. En ese sitio, Amalia pasaría más de diez horas diarias en las que descubriría al deporte como camino a la rehabilitación.

Siempre la impulsaron a hacer lo mismo que sus hermanos, a no sentirse menos. Si jugaban a las escondidillas, aprovechaba su reducido tamaño para ocultarse en un morral. Si se organizaban luchitas, intrépida se lanzaba desde la litera para impactar al rival con el yeso que tantas veces la acompañó entre sus recurrentes cirugías.

Como parte de sus terapias solía nadar, aunque su actividad favorita era el básquetbol, excelsa bloqueando y tirando a canasta.

Cierto día de 1991 iba rumbo a un entrenamiento, cuando el autobús se descompuso y dejaron a todo el equipo en un gimnasio. Al tratar de cargar pesas generó una conmoción. Primero diez kilogramos, luego 20 y, ya en medio de un alboroto, hasta 60.

Sin avisarle, la inscribieron en el Nacional de levantamiento de peso que se realizaría al mes siguiente en Guadalajara y ahí la novata se coronó. Nada la detendría en su nuevo deporte. Un par de años después viajaría a Oklahoma a su primer compromiso internacional y fue cuando su familia logró regalarle una silla de ruedas.

Sincronización perfecta, por esos años se anunció que para los Paralímpicos de Sídney 2000 debutaría el *powerlifting* femenil. Amalia comenzó en Australia con una racha de seis Juegos consecutivos, más de dos décadas, subiendo siempre al podio, única halterista con oro en tres divisiones distintas. Incluso en alguna edición compitió con el hombro desgarrado, si no la frenaron ni los más pesimistas pronósticos médicos al nacer, ninguna lesión lo haría.

Como frase de batalla repetía: "Decide despegar para poder volar". Vuelo sin fin, es la mejor de la historia.

JARED BORGETTI

EL ZORRO DEL DESIERTO

NACIÓ EL 14 DE AGOSTO DE 1973

SUBCAMPEÓN COPA AMÉRICA 2001

SE RETIRÓ COMO GOLEADOR
HISTÓRICO DE LA SELECCIÓN

2 TÍTULOS DE LIGA CON EL
SANTOS (1996 Y 2001)

Cuando los demás niños de Culiacancito llegaban a la cancha de básquetbol, Jared ya tenía las mejillas rojas y la playera chorreando sudor.

Iniciaba el partido y encestaba sus tiros ante clamores de que era un suertudo. Él sabía que su puntería no se debía a la fortuna, sino a entrenar cuando todos descansaban.

Un hogar en el que Tulita, su mamá, predicaba con el ejemplo. Poderosa mujer, viuda de su primer esposo y sin apoyo alguno del segundo, que hallaba cómo sacar adelante a siete hijos, siendo Jared el penúltimo en edad y tan integrado a las labores del campo como el resto.

Antes de salir el sol ya trabajaba entre sembradíos de tomate y milpas de maíz, trepado al tractor y abriendo surcos con la prisa que impone el calor.

Jared siempre cenaba tacos de frijol con queso; de tortilla de harina en días de abundancia, de maíz en los de carencia. Con su madre ocupada en cualquier localidad del norte para empacar tomate de exportación, lo cuidaban su tía o sus hermanas mayores.

En cuanto a deporte, probó el beisbol, de arraigo en Sinaloa, colocado en segunda base para protegerse de los roletazos más fuertes, aunque destacaba más en básquetbol. Sin embargo, su hermano Leonel practicaba futbol y, en esos partiditos ante la puerta de su casa con balones semiponchados, Jared encontró su pasión. A los 16 años se movió a Culiacán para

continuar estudiando. Apenas 20 kilómetros y tan distinto a su añorado pueblo. Comenzó a jugar con las Águilas de la Universidad Autónoma de Sinaloa que, solo por cumplir con el requisito de incluir a dos menores, lo registraron en su equipo de tercera. Ahí fue visto para una selección regional y empezó a codearse con promesas de todo el país, descubriendo sin desilusionarse que estaba rezagadísimo por no tener formación ni haber pasado por fuerzas básicas. Analítico y sincero, se conminó a recuperar el tiempo perdido. Si de niño ensayaba a solas hacia la canasta, a partir de entonces remataría hasta el cansancio en busca de la perfección. Su meta, mandar a gol cuanta pelota le cayera.

El Atlas lo detectó y, pese a las dudas de su mamá, a los 18 años se mudó a Guadalajara. Marcelo Bielsa lo recibió advirtiéndole que lo darían de baja si en unos meses no daba el nivel. Puso tanto énfasis en mejorar su cabeceo como para dormir cada noche con la frente morada, pero se ganó su sitio y se forjó como delantero de época.

Una década después anotó con el Tri uno de los testarazos más hermosos en la historia de los Mundiales. Fiel al ejemplo de Tulita, nunca dejó de trabajar horas adicionales.

JUAN MANUEL MÁRQUEZ

DINAMITA PURA

NACIÓ EL 23 DE AGOSTO DE 1973
BOXEADOR DEL AÑO EN 2012
CONQUISTÓ SIETE CAMPEONATOS MUNDIALES
NUNCA LO PUDIERON NOQUEAR

Sin afectarse por los repulsivos y penetrantes olores, Juan Manuel trapeaba a detalle un puesto de vísceras en el mercado Venustiano Carranza de Iztacalco.

A sus escasos ocho años tenía una misión: llenar la alcancía para romperla y dividir las monedas a partes iguales con Lucha, su mamá. Por ello también lavaba carros, boleaba zapatos y vendía paletas en el acceso al CCH Oriente.

De su estricto padre, Rafael, había aprendido que disciplina y puntualidad eran tan indispensables como esmerarse en la escuela y apoyar en las labores domésticas en ese hogar donde le decían Pulgarcito.

Una casa humilde en la que los siete hermanos dormían en literas amontonadas, compartiendo cama Juan Manuel con Rafa hijo. Espacio minúsculo en el que papá les enseñaba ese arte al que dedicó su juventud, el boxeo. Casi siempre a Juan Manuel le tocaba enfrentar a Carmen, su hermana tres años mayor, y casi siempre se frustraba por no lograr impactar a esa niña que enconchaba la espalda.

La lección inicial consistió en colocar la guardia. La segunda, recorridos adelante y atrás. Finalmente, llegó el momento: con pocas palabras, Rafael le vendó las manos y una almohada recibió sus primeros jabs, rectos, cruzados.

Cierta tarde, al salir del colegio, Juan Manuel se topó con un grupo que realizaba sombras. Con una convicción atípica para sus 12 años, aseguró al profesor que podía noquear al mejor de sus pupilos. Le pusieron a un muchacho con más cuerpo y en dos intercambios Juan Manuel lo derribó. Sin demora, ese mánager apareció por su casa para pedir permiso a su papá para entrenarlo.

Un año después ganaba el torneo Guantes de Oro, pero a la par seguiría estudiando y, al paso del tiempo, se emplearía como auxiliar contador en la Secretaría de Reforma Agraria. Corría en la madrugada, trabajaba de día, boxeaba en la noche, con el agravante de que una lesión al caerse de un árbol pospuso tres años (¡hasta los 20!) su debut profesional.

Al notar que su estilo técnico no vendía y sentir bloqueadas las opciones de ser campeón mundial, lejos de acongojarse, fue autocrítico y se reinventó. El boxeador móvil se hizo fajador, espectacular, pegador, con una imponente condición física producto de su escalada casi diaria al Nevado de Toluca.

Su carrera púgil, en la que apenas se enfocó de lleno a los 25 años al dejar la contabilidad, sería longeva y exitosísima. Sus títulos mundiales en cuatro pesos tuvieron como clímax el tremendo nocaut sobre Manny Pacquiao en 2012. Su hermano Rafa, viejo compañero de cama y sueños, también fue campeón mundial.

BELEM
GUERRERO
DE NEZA AL OLIMPO

NACIÓ EL 8 DE MARZO DE 1974

MEDALLA DE PLATA EN CARRERA
POR PUNTOS ATENAS 2004

4 MEDALLAS EN MUNDIALES DE CICLISMO

CAMPEONA DE AMÉRICA EN 2002 Y 2007

Cada agosto el pueblo michoacano de Queréndaro celebra la feria del chile, tributo a esa tierra pilar para que México sea meca mundial de la comida picante.

De Queréndaro llegaron a la capital mexicana Camilo y Elena. Compartían las carencias y el afán de luchar por todo, como sus antepasados curtidos en el incansable cultivo del chile.

Sus cinco hijos nacieron en La Villa, de donde se mudaron 23 kilómetros al sureste, a Neza. Camilo trabajaba en lo que hubiera: reparaciones, camiones, carpintería. Elena imponía dos reglas a sus críos: educación y deporte para alejarlos de vicios en los que algunos vecinos caían.

Cuando Belem, tercera en edad y la más callada, cumplió cuatro años le dieron como regalo de Reyes Magos un triciclo. Prensada al manubrio parecía expresarse esa introvertida niña. Su hermana mayor, Isabel, le fijó como meta desplazar el pesado televisor. Decidida, Belem amarró el aparato al triciclo con una liga y pedaleó hasta moverlo.

Pasión con la que crecería. A los siete años un señor la notó tan embelesada viendo bicicletas que le prestó la de su hijo. Belem rebotó en la banqueta, pero, sin quejarse, trepó de nuevo hasta hallar equilibrio.

Carrera a carrera mejoraba. Hubo una donde le impidieron competir por ser mujer, los varones temerosos de que una chica los derrotara. Ella no se amilanó. Contaba con quince años cuando se consumó un milagro a manera de lego: con algunas piezas de aquí y otras de allá, Camilo le armó una bici propia. Lo agradeció calificando a los Juegos Centroamericanos de 1990. Ahí fue detectada por el entrenador Giuseppe Grassi, quien le realizó una invitación: mudarse al norte de Italia para practicar y elevar su rendimiento.

Los Guerrero vendieron lo único que tenían, un viejo coche, para pagarle el avión. Ya en Bérgamo, Belem se alojó con una familia a la que retribuía la hospitalidad laborando en sus comercios: preparaba capuchinos por la mañana y hacía arreglos florales por la tarde. Meses de aprendizaje, nostalgia y convicción.

En 2004 se presentó a los Juegos Olímpicos de Atenas, lista para convertir en medallas tantos años de sueños y sacrificios. Sin embargo, faltaban obstáculos. De entrada, su bicicleta demoró varios días al extraviarse en la escala. Después, resultaba un poco más ligera de lo exigido. Su hermano Daniel adhirió cuatro monedas de cinco pesos al manubrio, logrando el gramaje.

Como si deseara mover el televisor en Neza, Belem pedaleó hacia la plata. Sucedió en agosto, cuando Queréndaro honra al chile, tan mexicano como el ingenio y el esfuerzo que la subieron al podio en Grecia.

EDUARDO NÁJERA

VIAJE A LAS ESTRELLAS

NACIÓ EL 11 DE JULIO DE 1976

FINAL DE LA CONFERENCIA OESTE EN 2003

EL MEXICANO CON MÁS PARTIDOS Y PUNTOS EN LA NATIONAL BASKETBALL ASSOCIATION (NBA)

PREMIO JUGADOR COLEGIAL CHIP HILTON DEL AÑO 2000

Cinco veces don Servando intentó que alguno de sus hijos heredara su talento con la manopla y se convirtiera en beisbolista. En todas ellas terminó asumiendo que, si bien él fue un espléndido *shortstop* y bateador, admiradísimo por las calles de Chihuahua, sus cinco primeros hijos no iban por ese camino.

Por eso al notar el poderoso brazo de Eduardo, apodado Chito por tratarse del menor de la familia, se ilusionó con que la sexta sería la vencida.

No contaba con el efecto de una canasta colocada cerca de su casa en el pueblo chihuahuense de Meoqui. Ahí el niño descubrió las ventajas de su imponente estatura, en ocasiones contraproducente para el beisbol.

Por entonces no pensaba en la posibilidad de dedicarse al deporte profesional ni, mucho menos, de dejar ese hogar donde lo mimaban todos. Ni siquiera cuando Raúl Palma, leyenda del baloncesto mexicano, lo integró con 17 años a su equipo.

Eduardo se centraba en sus estudios y en la beca que le ofrecían en Monterrey. En esas estaba al recibir en 1994 la llamada de una academia en San Antonio. Conscientes de su futuro, lo invitaban a ser alumno de intercambio. Aceptó y se instaló con una familia texana.

En una ciudad tan mexicana, no aprendió inglés, pero su nivel como basquetbolista incrementó. Visores de diversas universidades comenzaron a viajar para analizarlo. Sin enterarse, perdió oportunidades por no comprender lo que le decían los emisarios, hasta que el entrenador de los Sooners de la Universidad de Oklahoma, Kelvin Sampson, lo abordó con suma paciencia. Le garantizaba que, si se incorporaba a su institución, no solo se sentiría protegido, sino que se prepararía para la NBA.

Mudarse a Oklahoma resultó desafiante. Ahí nadie entendía español. Barrera idiomática que le impedía aprobar el examen de admisión en la universidad. Lloraba al telefonear a sus padres y hermanos. A diario despertaba deseando regresar a Chihuahua. En la duela, sus compañeros lejos de apoyarlo propiciaban sus errores, lo exhibían por ser el distinto.

Se obligó al máximo esfuerzo, a no rendirse. Aprobó el examen y se transformó en alumno ejemplar. Dominó el inglés. Se erigió líder del equipo. Sobre todo, cuando en 1999 quedó tendido en un charco de sangre por un tremendo golpe y, con las puntadas aún frescas, volvió al partido.

A los 23 años fue el primer mexicano en acceder a la NBA desde el *draft*. Durante sus 12 temporadas en la élite pudo recordar una frase de Meoqui, cuando alguien aseguró que llegar a la NBA era tan difícil como ir a la luna. Con su empeño, hasta esa luna voló.

PÁVEL PARDO

DEUTSCHER MEISTER

NACIÓ EL 26 DE JULIO DE 1976
CAMPEÓN DE LA BUNDESLIGA EN 2007
CAMPEÓN COPA CONFEDERACIONES 1999
DOS VECES MUNDIALISTA CON
MÉXICO (1998 Y 2006)

Unos niños escuchaban sentados sobre el balón, otros recargados en los postes de la portería, algunos más jugueteando con el pasto. Caminando entre ellos y con el silbato rebotando en el pecho, Enrique, su entrenador, capturó su atención con estas palabras: "De cien chavos que dirijo apenas uno llegará a primera división. Será el que desde hoy haga todo bien".

Los pequeños intercambiaron miradas tensas. Todos parecían angustiados menos uno, curiosamente sobrino del propio Enrique, muchacho menudito cuyo cuerpo estaba tardando en crecer más que los del resto.

Su nombre era Pável, quien no se angustió porque ahí confirmaba la idea de que triunfar dependía solo de él. Desde ese momento se comportaría como si ya fuera futbolista profesional. Cuidaría su alimentación y horas de sueño. Pondría énfasis en cada ejercicio, en no escatimar repeticiones. Se visualizaría en la cima.

Los Pardo tenían una intensa relación con el futbol. Todos jugadores, algunos hasta en segunda división, varios entrenadores, habían fundado el club Títulos universitarios, llamado así por el trabajo que compartían: producir los títulos que la Universidad de Guadalajara entregaba a sus graduados. Pável mismo, junto con sus numerosos primos, ayudaba lijando y curando las pieles traídas de diversos pueblos de Jalisco.

Vivían en la tapatía Unidad Clemente Orozco. Calles empedradas que marcarían a sangre las rodillas de quienes ahí no paraban de jugar. Futbol sobre todo, aunque también beisbol y patines. Por si faltara, su madre lo acercó a otros deportes: futbol americano, al comprarle un uniforme, y gimnasia, disciplina de la que impartía clases, con Pável subiéndose a la viga de equilibrio o saltando en el trampolín cuando la acompañaba.

A los 12 años fue visto por el recién retirado José Luis Real, originario de su barrio y en ese instante en las categorías menores del Atlas. Consciente del gran proyecto que desarrollaban los Pardo en una cancha pegada al aeropuerto de Guadalajara, el apodado Güero sugirió que Pável siguiera entrenando con su familia hasta los 15 años. Transcurrido el plazo, Pavel había crecido en todo sentido y el Atlas lo integró. Apenas dos años después, debutaba en primera división. Antes de los 20 años, era convocado a la selección mayor.

Cumplidas tan pronto esas metas, se fijó brillar en Europa. Con 30 años llegó al Stuttgart y se coronó en la Bundesliga. El sueño de los Pardo, la promesa de ser el uno entre cien, Pável lo logró. Su firma, los dardos envenenados, servicios a gol de tan ensayados, perfectos.

ANA GABRIELA GUEVARA

LA GACELA DE SONORA

NACIÓ EL 4 DE MARZO DE 1977
PLATA EN 400 METROS EN ATENAS 2004
CAMPEONA MUNDIAL 400 METROS EN 2003
CAMPEONA DIAMOND LEAGUE 2003
AL GANAR TODAS LAS CARRERAS

Ana María recorría las calles de Nogales vendiendo tamales. Los viajes para disputar torneos de basquetbol de Ana Gabriela, su primogénita, costaban un dinero que la familia no tenía.

Gracias a ese esfuerzo, Gaby permaneció en el equipo campeón de Sonora, siempre con el sueño de volar a canasta como Michael Jordan.

Desde niña rehuyó a jugar a las muñecas con su hermanita. Lo suyo estaba en la más frenética acción, competitiva hasta para llegar al colegio antes que nadie.

Al lograr con 15 años el subcampeonato nacional de baloncesto, se fijó una meta: aprovechar su desempeño deportivo para ser becada al otro lado de esa frontera pegada a casa, en el extremo norte de México.

Por esas fechas, una amiga la presionaba para que practicara atletismo. Acaso por su insistencia o quizá porque su entrenador le dijo que los 28 metros de duela quedaban cortos para su velocidad y zancada. El asunto es que aceptó probar y ganó los 400 metros.

Al salir, pensando que era su debut y despedida, la alcanzaron para decirle dos cosas: que acababa de romper el récord estatal y que esa marca la clasificaba al certamen nacional. Gaby entró en pánico. ¿Cambiar encestes por pistas? ¿Reorientar una vida ya trazada? ¿Y la beca?

Incertidumbre que disipó a los 19 años al coronarse en los 400 y 800 metros de la Olimpiada Nacional. Sin tiempo para asimilarlo, le informa-ron que viajaría a Colombia para el Campeonato Iberoamericano (fue bronce), a lo que siguieron, de inmediato, los Centroamericanos juveniles en El Salvador (dos platas).

Si su irrupción ya era meteórica, someterse a las exigencias del entrenador cubano, Raúl Barreda, disparó todo aún más. Gaby mejoraba a diario con la misma prisa con la que aceleraba tras una curva. Decidida, arrojada, comprometida, rebelde ante las injusticias, en tres años pasó de descubrir una disciplina deportiva a escalar a su élite.

En Sídney 2000 calificó a la final y culminó en quinto sitio. Todo México aplaudía conmovido, pero ella no. Frustrada, con quijada y lágrimas apretadas, asumió que se esforzaría más para el ansiado triunfo. Ahí inició un ciclo espectacular. A donde corría, nuestra bandera ondeaba, nuestro himno sonaba.

En 2004 conquistó medalla de plata en los Juegos Olímpicos de Atenas, inspirando a millones. Lo hizo contra todo. Sobreponiéndose a una inoportuna lesión. Sobreponiéndose a la falta de apoyos. Años después encabezaría el deporte nacional, aunque opuesto a la admirable lucha en su pasado, desde ahí multiplicó los males que, como velocista, había padecido. Su gloria como atleta es eterna.

SORAYA
JIMÉNEZ
LA HÉRCULES MEXICANA

NACIÓ EL 5 DE AGOSTO DE 1977
MURIÓ EL 28 DE MARZO DE 2013
CAMPEONA OLÍMPICA EN SÍDNEY 2000
PRIMERA MUJER MEXICANA CON ORO OLÍMPICO
MEDALLISTA EN PANAMERICANOS 1999 Y 2003

El partido de básquetbol frenó para atender a una chica que, pese a la lesión de rodilla, exigía continuar hasta ganar. Se llamaba Soraya y en el equipo también brillaba su melliza, Magali, familia inclinada al baloncesto desde que su papá lo jugó en Liga Mayor.

La rehabilitación la llevaría al gimnasio, donde el entrenador se pasmó con su facilidad para elevar pesas. Le habló de que faltaba un mes para el Nacional de halterofilia. Intrigada por esa palabra, Soraya, con 13 años, accedió. Participaría.

De entrada, sus padres se negaron. El permiso llegó cuando su hermano mayor, José Luis, los convenció, por fortuna ya eran pasado los épicos pleitos a almohadazos de las cuatas contra el primogénito.

Soraya fue subcampeona en Aguascalientes, aunque salió inconforme. Se obligaría a volver a cada edición para imponer récords.

El Comité Olímpico Mexicano (COM) la invitó a entrenar a su sede. Ahí, un dirigente le prohibió ir a certámenes internacionales, instándola a mejor pintarse las uñas y cocinar. Tenaz, con 16 años acudió a Mario Vázquez Raña, presidente del COM, y recibió su respaldo.

Con problemas, los Jiménez juntaron dinero para viajar al torneo continental en Colorado. De regreso con presea, reparó en una placa del COM que honra a los medallistas olímpicos mexicanos, incluido su tío, Manuel Mendívil, bronce en equitación en Moscú 1980. Contundente, afirmó: "Aquí leerán mi nombre" ...pero la halterofilia femenil aún no era admitida en los Juegos Olímpicos.

Justo cuando acababa de destacar en el Mundial Juvenil de Sudáfrica 1997, se anunció que las halteristas al fin debutarían en Sídney 2000. Soraya localizó por internet a un connotado entrenador búlgaro, Georgi Koev, dispuesto a guiarla al siguiente nivel. Pudo pagarle con el patrocinio brindado por la empresa de gas en la que su papá era contador.

Paternal y severo, con apenas vocablos en español, Georgi multiplicó su desempeño. Días de triple sesión que Soraya cerraba tiritando de dolor.

Se mudaron a un pueblo búlgaro perdido ante el Mar Negro, en el que solo se entrenaba. Varios países le ofrecieron grandes condiciones si asumía su nacionalidad y competía por ellos. Soraya rechazó con una frase: "No existe bandera ni himno como los míos".

A poco de los Juegos Olímpicos, sintiendo que nada más le alcanzaba para plata, quiso abandonar. Eso no le servía. Su tío Manuel, en una charla de cuatro horas, la conminó a seguir.

Aterrizando en Australia llamó eufórica a casa porque, aseguraba, su marca daba para coronarse. No mintió. Su oro en Sídney se inscribió en la placa como prometió.

ÓSCAR E IRIDIA
SALAZAR
HERMANOS DEL OLIMPO

ÓSCAR NACIÓ EL 3 DE NOVIEMBRE DE 1977
MEDALLISTA DE PLATA EN ATENAS 2004
BRONCE EN MUNDIAL DE 1997
UN ORO Y UNA PLATA EN PANAMERICANOS (1999 Y 2003)

IRIDIA NACIÓ EL 14 DE JUNIO DE 1982
MEDALLISTA DE BRONCE EN ATENAS 2004
3 SUBCAMPEONATOS MUNDIALES (1999, 2001 Y 2003)
2 OROS EN JUEGOS PANAMERICANOS (2003 Y 2007)

Un confuso letrero pretendía acercar a la gente hacia un deporte ignorado por entonces en México. "Clases gratis de taekwondo", se leía a la entrada del Deportivo Cholula, sin que la mayoría entendiera de lo que se trataba.

Quizá ya estaba escrito que por ahí pasaría Reinaldo tras un partido de futbol y decidiera probarlo hasta conquistar dos medallas en Mundiales. Quizá el destino se ocupó de que ahí mismo conociera a María de Lourdes, coincidiendo en la pasión por las artes marciales.

Entre *chaguis* (patadas) y *makkis* (bloqueos), la pareja se casaría e instalaría en la Unidad Vicente Guerrero de Iztapalapa. En un cuarto dormiría el matrimonio y en el otro sus tres hijos acompañados por la tía que los cuidaba al marcharse los papás de madrugada para vender aguacate en la Central de Abastos.

El taekwondo sería su modo de vida, prohibido faltar a una parte del ritual, tomarlo a la ligera o pisar con zapatos al *dojang*, donde lo practicaban con disciplina y reverencia.

Óscar, el primogénito, apodado Cuezo por flacucho y como variación de la palabra "hueso", destacó de inmediato, muy exigido desde pequeño por Reinaldo. Rodrigo siguió sus pasos, propiciando que nadie dudara del camino que esperaba a la menor y consentida, Iridia: más que elegir el taekwondo, el taekwondo la eligió a ella. Plena en técnica y plasticidad, siempre cerca de sus hermanos para llevarles agua y limpiarles el sudor a media competencia, aunque renuente a combatir, ese reto consigo misma resultaría titánico.

Tres episodios la ayudaron a atreverse. A los 12 años al saber que el taekwondo se convertiría en deporte olímpico. A los 13 al ser detectada por el entrenador nacional, por mucho que intentara esconderse. A los 14 al descubrir en el televisor la boda de Nadia Comăneci y comprender lo que representa una gloria olímpica. Contra sus temores, Iri, también llamada Prietonita, comenzó su escalada por una medalla.

En 1997 viajaba a Hong Kong a su primer Mundial. En el avión se topó con una carta de su padre: "Vienes de una casta de campeones, decide si quieres estar en la fila de los campeones o en la de los derrotados". Por delante venían interminables giras por Corea, tentaciones de abandonar, la obligación de esforzarse más, asumir el sacrificio como ofrenda.

En dos días seguidos de los Juegos Olímpicos de Atenas 2004, Cuezo y Prietonita subieron al podio. Acaso en el Mar Egeo veían una imagen: ese viejo letrero ofreciendo clases de una enigmática actividad que, si se hizo tan célebre en México, fue en buena medida por sus gestas.

ARNULFO
CASTORENA
EL MILAGRO DE TRITÓN

NACIÓ EL 27 DE MAYO DE 1978

6 MEDALLAS PARALÍMPICAS
ENTRE 2000 Y 2021

5 VECES MEJORÓ RÉCORD
MUNDIAL EN 50 METROS

17 MEDALLAS EN MUNDIALES

Todavía no entendía nada del mundo y Arnulfo ya vivía la peor de sus caras, nacido entre tragedia y abandono. Su mamá falleció en el parto. Su papá lo dejó al saber que tenía una discapacidad que implicaba mal desarrollo de las piernas y la falta del brazo izquierdo.

Aún sin digerir la muerte de su hija, se ocupó de él su abuela materna, doña Todosia. Cariñosa, tierna, le llamaba Cocoliso, como el bebé de Popeye. Pasaría sus primeros seis años pegado a ella porque ninguna escuela en Guadalajara lo aceptaba.

La solución llegó al detectarlo un programa de rehabilitación en la capital mexicana. En ese internado, gestionado por monjas, Arnulfo aprendería a leer y escribir, recibiría prótesis a su medida y descubriría el deporte.

Cierto día una monja a la que apodaban Sor Chiva, por su afición a ese equipo, llevó a los niños a la piscina. Mientras todos se aferraban con temor a la orilla, él se lanzó al centro y, ante la confusión general, movió la mano derecha hasta flotar. Lo mismo, se aventaba del trampolín más alto y mostraba que nada le resultaba imposible. Felicidad rota una mañana cuando las religiosas lo abrazaron y le dijeron que su abuelita había muerto.

A los 12 años volvió a Guadalajara ahora a cargo de su tía Consuelo. Con ella estaba bien, pero cerca vivían familiares en un ambiente de violencia y drogas. Al enfermar su tía, Arnulfo debió subsistir por sí solo. Vendió chicles y lavó para-brisas en cruceros hasta ahorrar para comprar al vecino un viejo patín del diablo. Algo urgente porque las prótesis ya le quedaban pequeñas.

Así se lo topó en la calle, a los 18 años, un funcionario del Consejo Estatal Deportivo de Jalisco (CODE), impactado por su agilidad al patín. Lo invitó a entrenar, obsequiándole traje de baño y gogles. A las pocas semanas fue a Colima a un Nacional y conquistó dos oros. De inmediato le tramitaron pasaporte para viajar a Nueva Zelanda al Mundial de 1998. Preguntó si se irían en autobús, a lo que le respondieron que necesitaban atravesar el planeta y eso solo se lograba con muchas horas de avión.

Por esos días le pidieron pagar una cuota para seguir entrenando en el CODE. Arnulfo no podía hacerlo y se mantuvo en forma nadando en fuentes de Guadalajara. Una tarde practicaba su técnica cuando un niño cayó en esas aguas sucias. Heroico lo salvó de ahogarse.

En Nueva Zelanda ganó un bronce que se negó a festejar quien tenía espíritu de oro. Dos años después, en los Paralímpicos de Sídney 2000, cumplió siendo campeón. Hegemonía que alargaría dos décadas ese aguerrido sobreviviente de lo peor.

MARIBEL DOMÍNGUEZ
MARIGOL

NACIÓ EL 18 DE NOVIEMBRE DE 1978

RÉCORD DE GOLES Y PARTIDOS
CON EL TRI FEMENIL

JUGÓ DOS MUNDIALES (1999 Y 2011)
Y UNOS JUEGOS OLÍMPICOS (2004)

NOMINADA POR LA FIFA A
FUTBOLISTA DEL AÑO EN 2005

Cansarse no era opción. Madre e hija, Juliana y Maribel, recorrían casas realizando la limpieza, resignadas a que sin ese ingreso volverían a desahuciarlas por no juntar para la renta.

El enésimo desalojo las empujó hasta Valle de Chalco en el límite sureste de la Zona Metropolitana. Mudanza acompañada por el abandono de su padre, con lo que Maribel, la menor de diez hermanos, debía apoyar a mamá en labores de aseo con apenas 12 años. A cambio de eso, Juliana le permitía jugar futbol, algo imposible si su papá no se hubiera marchado, personaje negado no solo a que una jovencita practicara deporte, sino siquiera asomara el rostro a la calle.

En su familia la apodaban Chiruca, como esa bota todoterreno, tal como ella que se entregaba a toda actividad física. Se había enamorado del futbol viendo en acción a sus hermanos, Ramiro y Rolando, cuyos remates copiaba en secreto a las seis de la mañana.

Recién instalada en Chalco, observaba un partidito cuando el balón se escurrió a su ubicación. Se lo pidieron de vuelta con gritos de "¡Chavo, chavo! ¡Bolita por favor!", asumiendo que era niño por su corto cabello. Maribel la pateó con tal impecabilidad que la invitaron al juego y no los sacó de su error. Se presentó como Mario, nombre con el que día a día jugaría con ellos sin que tuvieran idea de que se trataba de una chica. Así, hasta que la fueron a buscar a casa y su madre explicó extrañada que no conocía a ningún Mario. Para ese momento todos sabían en Chalco de su fulgurante calidad. Un equipo, el Deportivo Tlaltenco, incluso le ofreció cinco pesos por gol. Maribel, ya con 13 años, respondió anotando diez por quincena.

Ante las dudas de mamá, que llegó a esconderle los zapatos para alejarla de las canchas, aseguró que metiendo goles le compraría una casa para que nunca más se atormentara con el alquiler.

A los 18 años la detectaron jugando en los llanos de Cabeza de Juárez y fue convocada a una selección de la capital. Le sobraba técnica, pero le faltaba fuerza, producto de una evidente desnutrición. Su rendimiento creció al alimentarse adecuadamente y, un año después, en 1998, sus goles calificaban a México a su primer Mundial femenil avalado por la FIFA.

La historia no quedaría ahí. Como en nuestro país no había liga para mujeres, quiso jugar para el Celaya varonil, lo que la FIFA bloqueó. Eso la llevó a Estados Unidos y España, siendo llamada Marigolazo en Kansas y abreviada en Marigol en el Barcelona.

Considerada una de las mejores futbolistas de su generación, por supuesto regaló una casa propia a Juliana.

RAFAEL MÁRQUEZ

EL KÁISER DE ZAMORA

La cancha estaba dispuesta con sus futbolistas; como arquero, la mesa; como defensa, la silla; como volante, la sala; como delantero, el comedor; y como *crack* todoterreno, un niño que driblaba muebles y festejaba el gol saltando sobre la cama…, si no es que antes rompía algo en ese estadio que imaginaba europeo.

Ilusos, sus padres pensaban que prohibiéndole salir de casa evitarían que, al menos por unos minutos, Rafa jugara. Sin embargo, ellos habían impregnado de futbol ese hogar de la localidad michoacana de Zamora.

Su papá, del que heredó el nombre, fue futbolista profesional sin la suerte que sus cualidades merecían. Quizá frustrado por eso, cinceló a ese muchacho hasta convertirlo en una máquina perfecta. Sobre una superficie terrosa, entrenaba al equipo de su hijo exigiéndole muchísimo más que a los demás. Horas después del partido, los Rafaeles continuaban analizando: si tal marca, si tal contacto, si tal decisión, si tal pase.

Él mismo reubicó a su descendiente en la defensa central, motivándolo a iniciar cada jugada, a comenzar con pulcritud la acción. Tanto, que la estrategia de los rivales se basaba en apretar a Márquez, el menor de la alineación, mientras sacaba la pelota del fondo.

El problema era que le apasionaba el balón más que el sudor. Cierto lunes, se escapó de la práctica al notar que se limitaría a trabajo físico. Al enterarse, su padre lo obligó a reponer la deuda de kilómetros y abdominales. Si de verdad quería llegar, la disciplina no se negociaría.

Años de barridas ásperas, piernas cortadas, cotejos bajo calores insoportables. Domingos de ver en el televisor a Hugo Sánchez con el Real Madrid y convencerse de que, en el futuro, esa señal satelital desde Europa lo transmitiría a él.

A los 14 años lo descubrió el Atlas y ya no lo dejó regresar a Zamora. Siendo con diferencia el más pequeño viviendo en la casa club rojinegra, Rafa sufrió. Llamó a mamá en llanto seguro de que correría a recogerlo a Guadalajara. Lejos de eso, le insistió que necesitaba resistir y luchar por su sueño.

Luego de tres años debutaba en primera y, de inmediato, en la selección mexicana, aunque con una confusión: llevaba tan pocos meses en el radar que Bora Milutinović convocó por error a otro Márquez del Atlas, enmendando el error más tarde.

En 1999 el Mónaco se lanzó por él y el joven recibió el interés con una pregunta concisa: ¿ese equipo, del que nada conocía, estaba en Europa? Al escuchar que sí, aceptó y cumplió la profecía: en una década pasaba de tener por portería al comedor zamorano a brillar en la Champions.

GUILLERMO PÉREZ

OPERACIÓN DRAGÓN

NACIÓ EL 14 DE OCTUBRE DE 1979
MEDALLA DE ORO EN BEIJING 2008
SUBCAMPEÓN MUNDIAL EN 2007
PREMIO NACIONAL DEL DEPORTE EN 2007

Cada tarde, antes de subir al camión acompañando a su madre a los mandados, Memo observaba una escuela de taekwondo en Uruapan.

Desde la parada, mientras María de Lourdes jalaba su mano para que la siguiera, el pequeño veía patadas que le remitían a su ídolo, Bruce Lee, del que se sabía de memoria películas como *Operación Dragón*.

Su otra pasión, el futbol, representaba una discordia en el difícil matrimonio Pérez Sandoval. Era el deporte predilecto de su papá y el que se jugaba en su barrio, aunque su mamá se negaba a que lo practicara; un poco por el temor de que la calle lo llevara a malos pasos, otro tanto por el recuerdo de cuando su padre aprovechaba los partiditos llaneros para beber unas copas.

Así que Memo, hijo único, escuchaba aburrido desde su cuarto cómo los demás niños se divertían tirando a gol. Por eso el taekwondo le cayó como milagro y, sin importar que no destacara, lo asumió con constancia.

A los diez años sorprendió al coronarse en el Nacional de su categoría. Su entrenador le ofreció clases extra, consciente de que las artes marciales implicaban una terapia para Memo, en el tatami procesaba toda tristeza.

Cinco años después calificó a su primer evento internacional. Cuando parecía que no podría pagar el viaje, su papá se enteró que dejaría de trabajar en la Comisión Federal de Electricidad y destinó una porción de la indemnización para comprar su boleto a Canadá (la parte restante fue para adquirir un taxi). Ese día creció en el muchacho la presión por devolver con éxito tan solidario esfuerzo.

Durante cuatro años lucharía por ser seleccionado nacional hasta que, en 1999, se mudó a Puebla para entrenar con William de Jesús, pionero del taekwondo mexicano. El problema era que no le alcanzaba para rentar una casa. Viviría en la academia, sin cama (dormía en un diván) o siquiera regadera (se bañaba a cubetazos). Gracias a ese sacrificio, lo invitaron a la capital como *sparring* de los taekwondoines que acudirían a Sídney 2000.

En 2003 sufrió una grave lesión. Los directivos le sugirieron cambiarse de deporte y Memo, desolado, regresó a Uruapan. Al urgirle generar dinero, conducía el taxi de la familia y enseñaba taekwondo a niños. Precisamente, esos alumnos le insistieron que saliera del retiro, que tratara de nuevo, decisión que tomó cuando una amiga aguacatera le ofreció patrocinarlo.

Entonces ya nada lo frenó. Fue subcampeón mundial en 2007 y, contra todo, se clasificó para los Juegos Olímpicos. En China, cuna del kung-fu sublimado por Bruce Lee, elevaría nuestra bandera a lo más alto con su oro.

ANA MARÍA TORRES

LA GUERRERA

NACIÓ EL 25 DE ENERO DE 1980
CAMPEONA MUNDIAL PESO SUPERMOSCA
CAMPEONA DIAMANTE GALLO
NUNCA FUE NOQUEADA

Como si estuviera en el más glamuroso teatro ruso y no en esa vivienda en obra negra de Ciudad Neza, Ana se paraba de puntitas y ejecutaba vueltas de *ballet*. Una niña que, como escape a la difícil situación familiar, bailaba todo: desde lo más clásico hasta canciones de Gloria Trevi.

Angélica, su madre, limpiaba casas para sacar adelante por sí sola a diez hijos. Comidas a veces limitadas a pura sopa, otras a tacos de frijol o, en días holgados, a hígado de res. Conforme sobraban unos pesitos se utilizaban para terminar el rincón a medio construir en el que dormían.

Ana misma vendió arreglos florales y zapatos en el mercado desde los 14 años, debiendo renunciar a dos sueños. Muy chiquita, las clases de baile, camino imposible con tantas carencias. Ya en la adolescencia, a taekwondo, en el que ganó los dos torneos en los que participó antes de dejarlo por no poder pagar inscripciones y cintas.

Tenía 17 años cuando su madre, ferviente admiradora de Julio César Chávez, la llevó a boxear. Quizá fue el sonido de los golpes o la semejanza que descubrió entre el juego de cintura en el cuadrilátero con su añorada danza; quizá fue el legado del taekwondo por el que la apodaran Chun-Li (como el personaje de *Street Fighter*) o mera obediencia a la muy dura Angélica. El asunto es que se siguió en pugilismo y a los 19 años, justo al autorizarse el boxeo femenil en la capital, Ana acudió a la Arena México para una serie de pruebas y la eligieron. Debutó como profesional contra la que sería su gran rival, Mariana "Barby" Juárez… y, sin siquiera saber colocar la guardia, la derrotó.

La rutina del gimnasio era un desafío con hombres molestos por entrenar cerca de una chica e incluso más en la calle con empresarios riéndose de que una mujer pretendiera subir al ring. Sin desanimarse, Ana María analizaba videos de las mayores leyendas del boxeo y replicaba ante el espejo los golpes. Como asumía que no contaba con un don natural, empleó infinitas horas hasta lograr el volado de izquierda perfecto, enésimas repeticiones hasta fortalecer cada músculo.

Su tercer combate frente a la Barby en 2002 trituró récords de recaudación. Ana se impuso sin evidenciar los terribles dolores por una fractura de mano. Volvió cuando muchos la daban por retirada, aunque se le negaba la meta del título mundial.

Pese a las tentaciones de abandonar, apretó los dientes e incrementó su entrega. No solo se consagraría monarca mundial, sino como primera boxeadora con cinturón Diamante del Consejo Mundial de Boxeo CMB. La llamaron Guerrera, digna heredera de su indomable mamá.

CARLOS SALCIDO

EL HOMBRE INVENCIBLE

NACIÓ EL 2 DE ABRIL DE 1980
MEDALLA DE ORO EN LONDRES 2012
CAMPEÓN DE LIGA CON PSV, TIGRES Y CHIVAS
TRES VECES MUNDIALISTA (2006, 2010 Y 2014)

La inocente mirada de Carlos contemplaba las ruinas que quedaban de su familia. Todo se destrozó al morir por cáncer la mamá de ese pequeño de nueve años. Su padre cayó en una depresión que lo llevaría al alcoholismo, a perder su empleo, a niveles temibles de violencia. Sus hermanos mayores se fueron del pueblo jalisciense de Ocotlán y cruzaron ilegales a Estados Unidos. La comida dejó de llegar a esa casa en la que, costaba recordarlo, seis niños durmieran en el piso de la cocina entre risas.

Pese a ello, Carlos no se permitía llorar. Solo pensaba en proteger a su hermanito Ansoni, dos años menor, jurándose que por él lucharía. Engañaba a su hambriento estómago llenándose de agua de la llave. Aprovechaba los juegos de escondidillas para ocultarse en la alacena de los vecinos y embolsarse alguna manzana. Buscó trabajo hasta hallarlo con un reparador de bicicletas. Practicaba futbol como evasión de su tragedia, sin dimensionar su calidad.

A los 13 años entendió que necesitaba dinero para que Ansoni creciera mejor. Tomó un camión a Guadalajara. Preguntando de calle en calle ubicó la casa de su tía María Eugenia en Tlaquepaque. Ahí se instalaría, pagando la hospitalidad con las monedas que juntaba lavando coches.

Lo empleó el dueño de una ferretería que le contagió la pasión por el ejercicio. Al acompañarlo al gimnasio, Carlos descubrió un nuevo cuerpo, ya no flacucho sino musculoso. Sin embargo, desconocía que en ese local se vendían autopartes robadas y cierta tarde quedó en medio de una redada policial. Otra vez, empezar de ceros.

En tres ocasiones intentó irse a EUA, pero nunca logró eludir a la migra. La más extrema, lo encerraron largas horas terminando por comer pasta de dientes.

A los 19 años veía un partidito de barrio en el que faltó el delantero. Le pidieron que completara al equipo. Un entrenador de tercera división se impactó con su resistencia y lo invitó al club Oro. Con zapatos prestados y ya como defensa, se enfrentó a la filial de Chivas dando un juegazo. El gran José Luis Real corrió a atarlo para el Rebaño. Carecía de noción táctica, de bases futbolísticas, aunque cómo apretaba e intuía qué hacer.

Al no poder pagar el transporte a la sede del Guadalajara, diario saldría a las cuatro de la madrugada para llegar caminando.

Un domingo de 2001 su papá paró en un puesto de tortas ahogadas en Ocotlán. En el televisor observó debutando en primera a ese hijo del que nada sabía desde 1993. Carlos se reencontraría con sus hermanos mayores al viajar con la selección mexicana a jugar en Estados Unidos.

GUILLERMO ROJAS JR.

VELOCIDAD EN LAS VENAS

NACIÓ EL 18 DE AGOSTO DE 1981

3 VECES CAMPEÓN 24 HORAS
DAYTONA (2008, 2011, 2013)

4 VECES CAMPEÓN DE LA INTERNATIONAL
MOTOR SPORTS ASSOCIATION (IMSA;
2008, 2010, 2011, 2012)

PILOTO MEXICANO CON MÁS
TÍTULOS A NIVEL MUNDIAL

El médico apuró a Guillermo y Luz María hacia ese cuarto de hospital justo cuando su hijo Memo despertaba de una complicada cirugía. Con apenas 11 años, fractura expuesta de brazo tras un espeluznante accidente de *go-kart*.

El niño abrió los ojos y, con voz somnolienta, solo preguntó por su coche. La respuesta de su madre, quien vio el choque a unos metros, fue tajante: no importaba porque ya no lo dejaría competir.

Ahí se cortaba una cadena de más de medio siglo. Su abuelo Alberto en la primera edición de la Carrera Panamericana. Su propio padre, apodado Campeonísimo por sus 29 títulos nacionales. Personaje que esperó ansioso una oportunidad en el extranjero, con tan mala suerte que esta llegó al embarazarse su esposa y convertirse en prioridad sacar adelante a la familia. Como consuelo trabajaría con el mexicano Héctor Rebaque hasta llevarlo a la Fórmula 1 en 1977.

El plan no era que el deporte motor entrara en la vida de Memo Jr., mas eso cambió cuando a los diez años se subió a su primer *go-kart* y se enamoró de la velocidad, cuando con un carro viejo, reparado en casa, empezó a ganar por todos lados… carro con el que, poco después, se accidentó de gravedad.

El dolor no sería lo más difícil del año y medio de rehabilitación, sino escuchar a sus padres discutir con dureza por su futuro. Luz María obstinada en que no más coches, Guillermo insistente en lo contrario. Un día los interrumpió y con una convicción asombrosa para sus 13 años rogó a su mamá que no bloqueara su sueño.

Siguió en las pistas hasta consolidarse como gran promesa, aunque el presupuesto familiar ya no daba para crecer. Se había estancado. En ese oportuno momento nacía Escudería Telmex e invertiría en él. A los 23 años se mudaba a Le Mans donde dormiría en el ático del taller, cuidándose al caminar de no golpearse la cabeza con el techo, pero pleno en esa fantasía.

La aventura terminó en 2005. Regresó a México y retomó estudios. De repente, una llamada a mitad de clase. Telmex le decía que Chip Ganassi Racing buscaba un piloto para el importante serial IMSA. Fuera de forma y reflejos, con el cuello entumecido en la prueba al cabo de unas vueltas, Memo resultó elegido.

En 2008 se imponía en ese certamen estadounidense y para 2012 ya era tetracampeón. Conquistaría tres veces las icónicas 24 horas de Daytona y otras dos la serie europea Le Mans.

Curioso destino: al embarazarse Luz María de Memo, su esposo renunció a desarrollarse en el extranjero. Ese hijo que de adulto se consagraría como el piloto mexicano más laureado de la historia en el exterior.

LORENA OCHOA

LA REINA DEL GOLF

NACIÓ EL 15 DE NOVIEMBRE DE 1981

RÉCORD DE SEMANAS EN LA CIMA DE LA LADIES PROFESSIONAL GOLF ASSOCIATION (LPGA) CON 158

4 VECES GOLFISTA DEL AÑO DE LA LPGA

27 TÍTULOS EN LA LPGA

Un grito interrumpió esa fiesta infantil en el pueblo tapatío de Tapalpa: "¡Lorena se cayó de la tirolesa!".

Boca abajo, envuelta en tierra, la niña de cinco años no lograba moverse. En el hospital se confirmó fractura de los dos brazos. Por delante vendría un largo período con doble yeso, en el que se temió que una mano perdiera movilidad. Amante de la adrenalina, replicando las aventuras de sus dos hermanos mayores, reacia a jugar a las muñecas con su hermana menor, para esa chica de cabello rizado (por ello, apodada China) sería un reto quedarse quieta.

Un sábado, cuando tan pavorosa lesión iba sanando, rogó a su padre que le permitiera acompañarlo al golf. Por mucho que ese deporte formara parte de los Ochoa Reyes al vivir frente al Guadalajara Country Club, ese primer día la traviesa Lorena estuvo más pendiente de ejecutar piruetas en el campo e intentar manejar un carrito, que del juego. O eso pensaron, porque una poderosa semilla se había sembrado.

Pronto comenzó a golpear la bola con precisión y fuerza inusitadas. Javier, su papá, adaptó unos bastones a su medida para que continuara tirando y, con ellos, conquistó a los seis años el título estatal de Jalisco.

El perfeccionismo que usaba para su caligrafía en el colegio, capaz de arrancar la hoja por una letra que no luciera impecable y volver a empezar, lo aplicaría al golf. También destacaba en tenis y basquetbol, pero nada como su fulgurante ascenso en el *green*.

En 1990 calificó al Campeonato Mundial Juvenil de San Diego. Todo un desafío solventar el viaje en una familia en la que el dinero escaseaba. Para colmo, se atrasaban pagando colegiaturas y la membresía del club, donde por una muy especial excepción se dejó a Lore practicar por las tardes.

Ese año, como los siguientes cuatro, Lorena se consagró en San Diego como la mejor del planeta en su edad. Lapso en el que se acercó al golfista mexicano Rafael Alarcón para suplicarle que le diera clases, a lo que le respondió que él nunca había sido entrenador. La China lo convenció al aseverar que quería ser la mejor del mundo.

Bajo su guía superaría una compleja adolescencia, único momento de dudas sobre su futuro, descompuesta ante tanto cambio, obligada a reajustar su mente. A base de insistir y buscar, a los 19 años fue becada por la Universidad de Arizona y ahí impuso récord colegial con ocho victorias al hilo. La promesa era enorme, mas Lorena la rebasaría con creces como profesional. La niña que al caer de la tirolesa pudo perder movilidad para siempre en los brazos, los utilizaría como catapulta al trono.

JUAN IGNACIO
REYES
EL DELFÍN

NACIÓ EL 15 DE DICIEMBRE DE 1981
5 OROS ENTRE SÍDNEY 2000 Y LONDRES 2012
8 VECES CAMPEÓN MUNDIAL
IMPUSO RÉCORD MUNDIAL 5 VECES
EN 50 METROS DORSO S4

Lo inquieto que era ese niño, siempre corriendo tras balones o al jugar escondidas, desaparecía al tratarse de una alberca. Por mucho que su papá lo cargara, Juanis lloraba en cuanto el agua llegaba a sus muslos.

Cierta noche, cuando tenía cinco años, sintió una molestia en la pantorrilla izquierda. Socorro, su mamá, detectó un moretón y lo atribuyó a cualquier golpecito, aunque horas más tarde el dolor subía por los codos y la mancha morada se extendía.

De urgencia se fueron al hospital. Les informaron que el pequeño padecía una rara enfermedad llamada Púrpura fulminante. Que la sangre ya no circulaba por sus extremidades. Que resultaría fatal si la infección saltaba a los órganos vitales. Quizá, solo quizá, se salvaría con la amputación de los dos brazos y la pierna izquierda. Así sucedió.

Al despertar no le dijeron que había perdido tres partes de su cuerpo, sino que había ganado, contra todo, continuar con vida.

Momentos arduos, por esos días surgieron dificultades en la empresa para la que trabajaba su padre, quincenas atrasadas, pagos a la mitad. Su madre lavó ropa ajena, en la tienda les fiaban y nunca faltó quien les compartiera unos tacos, pero con profunda unión los Reyes González saldrían adelante. Juanis volvió a la escuela casi de inmediato y en casa no permitieron que se asumiera diferente. Si regaba juguetes por el piso, le exigían recogerlos como a sus dos hermanas.

En una clínica se toparon con actividades deportivas y culturales para personas con discapacidad. Al ver en acción a Mauro Máximo, multimedallista paralímpico en lanzamientos, Socorro inscribió a Juan Ignacio en clases de pintura y natación.

Juanis recordaba su tirria a nadar antes de las amputaciones, mas Rodolfo, su nuevo maestro, lo convenció de meterse a la piscina. Superado un pánico inicial, notó que una pierna no solo bastaba para flotar, sino hasta para moverse veloz de espaldas.

A los 14 años acudió a su primer Nacional y supo que sus tiempos lo hubieran calificado a los Paralímpicos de Atlanta 1996. Entonces marcó en su mente los siguientes Juegos, Sídney 2000.

Madrugaba a las cuatro para nadar más de 12 kilómetros. Lo dejaba exhausto la rutina de gimnasio para fortalecer abdomen y cuello. Se inflamaba su única rodilla por problemas de menisco.

Juanis se constituyó como el mejor nadador de la historia en 50 metros dorso, categoría S4. Por cuatro Paralímpicos subiría a la cima. Y junto a él, una familia que entendió que nada más en máxima comunión vencería cualquier adversidad. Con idéntica disciplina se tituló en mercadotecnia.

ADRIÁN GONZÁLEZ

TITÁN A-GONE

NACIÓ EL 8 DE MAYO DE 1982

5 VECES EN EL JUEGO DE ESTRELLAS
DE LAS GRANDES LIGAS (MLB)

4 VECES GUANTE DE ORO COMO MEJOR
PRIMERA BASE DE LA LIGA AMERICANA

LÍDER DE CARRERAS IMPULSADAS
DE LA LIGA NACIONAL EN 2014

El partido o entrenamiento se enrarecía cada que un avión despegaba o estaba por aterrizar. Tener el parque junto al aeropuerto de Tijuana implicaba dificultades, como la polvareda y escándalo de cada nave aproximándose.

En ese caos solo tres jugadores seguían atentos a las indicaciones del mánager, David González, un bigotón que fuera beisbolista *amateur*. Se trataba de sus tres hijos, parados como *shortstop* (el mayor, David Jr.), segunda base (el mediano, Edgar) y primera base (el menor, Adrián). Muchachos solidarios ayudando en el *dugout* cuando papá jugaba. La armonía terminaba al pelear por el bate, discusiones que solía perder el más pequeño.

Siendo Adrián un bebé, los González habían vuelto de California. En el lado mexicano, donde David instalaba aires acondicionados, vivirían unos años. Su esposa, Alba, escuchaba al tierno Adrián dedicarle cuadrangulares antes de batearlos en dirección a la frontera y a la sede de los San Diego Padres, su equipo favorito. En un cuaderno escolar escribió que de grande sería estrella de esa novena y ganaría mucho dinero.

En 1990 regresaron a Estados Unidos y don David colocó en el jardín de la casa una caja de bateo.

Cierto día, Edgar preguntó a su *coach* colegial si podía llevar a probar a su hermanito. Accedieron sin saber que el niño tenía tan poco cuerpo, pero ya estando ahí le permitieron mostrarse. Un batazo sobró para pasmarlos.

El quinceañero Adrián comenzó a alternar los duelos de su secundaria en Chula Vista con cuanto fuera posible jugar al otro lado, en Tijuana. Años de hasta 120 partidos, algunos contra señores que le doblaban la edad y habían sido profesionales. Sin embargo, todavía no era ni de los mejores de su categoría en San Diego. Eso se modificó cuando su papá le impuso una severa rutina de gimnasio, prohibido por cinco meses tocar un bate.

Al reaparecer ya era otro y, por su poderío, le apodaron Titán, aludiendo al logotipo del colegio que incluía dioses griegos. Bateo que le convirtió en la primera selección del *draft* en 2000.

Su ética de trabajo resultaría un problema. Por las noches se desvelaba en un parque de diversiones echando monedas a una máquina para practicar su *swing*. Su nuevo entrenador lo obligó a cuidarse, porque las lesiones ya acechaban.

En 2004 inició su camino con los Texas Rangers y dos años después cumplió la añeja promesa de vestir la franela de los Padres. En esa frontera de su infancia, sus *home run* ligamayoristas volaron ahora en dirección a México, país al que representó como uno de los mejores peloteros de la historia.

DORAMITZI
GONZÁLEZ
ESTRELLA DE LAS AGUAS

NACIÓ EL 3 DE ENERO DE 1983

11 MEDALLAS EN PARALÍMPICOS, INCLUIDOS CINCO OROS

5 MEDALLAS EN MUNDIALES

25 MEDALLAS EN PARAPANAMERICANOS

Durante las más de cuatro horas de trayecto entre Morelia y la capital, esa bebé de diez meses lloró. Tanto tiempo amarrada a un asiento era la peor tortura para tan inquieta criatura.

Desde antes de partir, su mamá, María Teodora, clamó que no volvería a casa hasta encontrar una prótesis idónea para Doramitzi. Si los niños empiezan a caminar hacia el año, su hija no podía ser la excepción. Solo con una prótesis adecuada retornarían a su hogar.

Madre soltera, lo primero que decidió al escuchar que Dora nació con una malformación congénita, fue prohibir las palabras de lástima o lamento. O lo segundo, porque al nombrarla así la predestinó: Dora por Teodora y Mitzi por el diminutivo germánico de María… aunque también significa estrella de los mares.

No hubo manera de controlar a Doramitzi con la prótesis. Trepaba a los árboles, se exponía a peligros, corría entre gente deshabituada a convivir con personas con discapacidad. Incluso, algunos se referían a la condición de Dora con supersticiones, a lo que la niña contestaba: "Así nací". Jamás quedarse callada, como le enseñó mamá.

Cuando tenía seis años se acabó en el *lunch* el dinero para el pasaje de vuelta. Sin dudarlo, anduvo a pie los más de cinco kilómetros de regreso y con la pesada mochila al hombro. Los retos la fascinaban tanto como la obsesión por ganar en todo. Llegadas las vacaciones, María Teodora necesitaba inventarse algo

para ocuparla mientras trabajaba. La inscribió en un curso de verano que incluía natación y Doramitzi se enamoró del agua.

Apasionada de los Juegos Olímpicos, hipnotizada veía las competencias de nado imaginándose ella misma en esa piscina. Nada de Paralímpicos, por entonces ni sabía que existían.

A los 13 años se topó en la alberca del IMSS con una persona con discapacidad, quien le habló del movimiento paralímpico. Entusiasmada por esa idea, se mudó a la capital. La recibió el gran entrenador Fernando Vélez, al que creyó odiar por las extenuantes cargas de trabajo, exigencias, sesiones interminables al límite.

Llamaba a su madre en llanto, cada músculo en vilo, pensando en claudicar. María Teodora respondía que no la había criado para rendirse, que luchara. Esos dolores solo aminoraban cuando trababa la quijada y visualizaba una escena: subiendo al podio con el himno mexicano entonado en su honor.

Con 16 años clasificó a Sídney 2000 y el sueño se hizo realidad: cuatro medallas paralímpicas que, al cabo de Atenas 2004 y Beijing 2008, ya serían 11. Como el Mitzi en su nombre predijo: la estrella de las aguas, de Morelia a lo máximo.

ORIBE PERALTA

EL HERMOSO DE WEMBLEY

NACIÓ EL 12 DE ENERO DE 1984
MEDALLA DE ORO EN LONDRES 2012
CAMPEÓN DE LIGA CON SANTOS Y AMÉRICA
2 LIGAS DE CAMPEONES DE LA CONCACAF

La realidad de Oribe se desmoronaba. En semanas pasaba de soñar con disputar el Mundial sub-17 a perderlo todo.

Primero, al llamar desde la concentración de la selección infantil a su tierra, la ranchería coahuilense de La Partida, y escuchar que una tromba se había llevado el frágil techo de adobe de su casa. Después, al fracturarse tibia y peroné a nada de viajar al Premundial.

Gladiador desde el inicio, el primogénito de los Peralta Morones nació de un embarazo de alto riesgo y recibió el nombre de un futbolista, el uruguayo Oribe Maciel. Sus padres alternaban diversos empleos con las labores de campo en un hogar de amaneceres anticipados por gallinas y puercos. Tareas agrícolas en las que Oribe solo ayudaba a recolectar algodón en vacaciones. En esa familia la prioridad eran los estudios… y la pasión, heredada de su papá que jugó en tercera, al futbol.

A los 7 años veía un partido en la televisión y preguntó por lo que hacía falta para estar ahí. Al responder su padre que necesitaba muchísimo esfuerzo, concluyó que sin duda lo lograría, tan pequeño y ya un maestro de la visualización. Quizá se imaginaba en el Mundial cuando su remate en la calle golpeó a una vecina que, indignada, le confiscó su balón. Para que no sucediera de nuevo, improvisó con sus amigos una cancha en unas hectáreas abandonadas. Le apodaron estadio Jalisco por el crucero constante de ganado… en especial chivas.

Pronto surgió una oportunidad con un equipo de muchachos mayores que no completaba alineación. Con zapatos ajenos, media talla más grandes, entró y arrasó.

Por esos días, la selección sub-17 disputaba un amistoso en Torreón y le tocó enfrentar a Oribe. Anotó dos goles y lo convocaron de inmediato. Festejaba lo rápido que cumplía sus metas cuando llegó aquella concentración en la capital y la fractura tanto de su tobillo como de su vulnerable vivienda.

Pensó en desistir ante la dolorosa rehabilitación y los numerosos rechazos. Tres veces el Santos, cercano a La Partida, le dijo que no. Trató en Chivas donde, para colmo, se rompió la clavícula. En el Morelia entrenó dos meses sin sueldo y con el hambre apretando hasta que lo debutaron, pero de ahí rebotó a segunda con el León.

No explotó como goleador hasta los 27 años. Le quedaba tiempo aún para ir a dos Mundiales y, sobre todo, ser héroe nacional con dos goles que valieron un oro olímpico.

En el podio de Wembley, en llanto tras su proeza, acaso entendió su carrera como aquella casa de adobe: caído el techo se reconstruyó más fuerte, a cada golpe de la vida Oribe resurgió invencible.

JOAKIM AGUSTÍN SORIA

EL BRAZO DE MONCLOVA

NACIÓ EL 18 DE MAYO DE 1984

DOS VECES ALL STAR GAME DE LAS GRANDES LIGAS (MLB: 2008 Y 2010)

SE RETIRÓ CON EL RÉCORD DE PARTIDOS EN MLB PARA UN MEXICANO (773)

EL MEXICANO CON MÁS SALVAMENTOS EN MLB (229)

El trajín de muebles no paraba ante la nueva casa de los Soria, en el Fraccionamiento Teocalli de Monclova, cuando José Manuel sugirió a los padres de familia que le daban la bienvenida: ¿y si convertían el terreno baldío de al lado en un espacio para que los niños realizaran deporte?

Hubo entusiasmo con la propuesta, aunque comenzó un debate sobre si la cancha fuera de beisbol o futbol. Al final, en ese reguero de hierbas desordenadas, se pintaría un diamante y gritaría *playball*.

Su hijo menor, al que se referían como Agus por la abreviatura de Agustín, dormiría a unos metros del *home plate* al que lanzaría sus primeras pelotas como pícher. Partido a partido, con los recién nacidos Bravos de Teocalli ganando más de cincuenta al hilo, ese parque mejoraría sus condiciones: se agregaba arcilla, se incluía un *dogout*, se instalaban gradas. El propio José Manuel Soria, entrenador de la novena, colocaba una malla para contener los batazos de *foul*.

Antes de la adolescencia resultaba evidente la calidad de Agus, ya centrado como serpentinero. Muchacho no especialmente alto y sí muy delgado, pese a devorar cuanto hallara de comida. A futuro se veía de odontólogo, como dos de sus hermanos, o acaso en matemáticas como su papá.

A los 15 años todo cambió. Acudió a unas pruebas de los Diablos Rojos y su éxito le hizo comprender que podía llegar a profesional. José Manuel le concedió un año en la academia de los Pingos. Si no funcionaba, lo mandaría de vuelta a estudiar. Su estatura disparaba, pero no tanto la velocidad de sus lanzamientos. Entonces su padre aprovechó las vacaciones para formar un equipo de básquetbol con la idea de darle potencia. Al reaparecer con Diablos, ya pichaba a otra dimensión. Cuando cerraba ese año de gracia, le avisaron que Mike Brito, buscatalentos que detectara a Fernando Valenzuela, lo observaba en la tribuna. Ese día tiró sus mejores *strikes* y los Dodgers lo firmaron.

Sin embargo, una lesión a los 18 años truncó ese camino. Agus se esmeraría en la rehabilitación, por mucho que le doliera el codo a cada movimiento. Decidido a regresar lo más fuerte posible, a las cinco de la madrugada corría hasta escalar un empinado cerro. Zancada a zancada soñaba con las Grandes Ligas.

Debutó en la Liga Mexicana y fue novato del año. Deslumbró en la Liga del Pacífico con Juego Perfecto. Volvieron de las Mayores por él, ahora los Kansas City Royals, y abrió una historia mágica, haciendo honor a ese primer nombre con el que en Estados Unidos todos le llamaron: Joakim, de significado bíblico "levantado por Dios".

FRANCISCO GUILLERMO
OCHOA
MEMO DE LOS MILAGROS

NACIÓ EL 13 DE JULIO DE 1985
MEDALLA DE BRONCE EN TOKIO 2020
HA JUGADO EN FRANCIA, ESPAÑA, BÉLGICA E ITALIA
JUGADOR DEL AÑO, 2022-2023, CON LA UNIONE SPORTIVA SALERNITANA

Los lunes resultaban especiales en el colegio Santa Mónica de Guadalajara. Se apretaban 22 niños para jugar en un patio de 25 metros.

El equipo de Memo solo dejó de ganar una vez: cuando se disputó una mini Olimpiada y, absorto por el mal tino para perder, se quedó sin medalla.

En una visita al Estadio Jalisco, a dos kilómetros de su escuela, asumiría que lo suyo era evitar goles y no anotarlos. Devorando unos cueritos de cerdo, se ubicó detrás de la meta de Robert Dante Siboldi y decidió su vocación. Destino como arquero que confirmó al serle regalado el uniforme de Jorge Campos en Día de Reyes.

Por ese tiempo, su papá heredó la tortería Don Polo en la Ciudad de México, así que se iba entre semana a la capital y volvía los viernes, con Memo sentado ansioso sobre el buzón a esperarlo. El sábado jugaban juntos y el domingo se despedían. Difícil rutina, pero no para los Ochoa Magaña, donde las quejas no existían y todo se resolvía con disciplina y trabajo.

Eterno soñador, Memo imaginaba que el pasillo de su casa era el Azteca y ahí paraba alineaciones con muñecos. El Santo como guardameta, soldados GI Joe en la central, una Barbie de su hermana al frente. Entre semejantes testigos, rebotaba una pelota de tenis por las paredes y, sin importar donde cayera, saltaba para atajarla.

A los diez años le explicaron que se mudarían a la CDMX. Nueva vida en la que su acento tapatío despertó burlas. Eso terminó al primer recreo al mostrar sus talentos en la cancha. Sin intervalo pasó de molestado a admirado.

Sus padres, incapaces de algo a medias, le preguntaron si quería jugar formalmente. Ante la respuesta positiva, intentaron registrarlo con los Pumas, mas no alcanzaba a llegar a entrenar tras la escuela. Entonces supieron que el América iniciaba poco después y así empezó ese camino… aunque como delantero, porque no había cupo como portero. Eso cambió pronto, en cuanto lo vieron bajo los postes.

Año con año escalaba divisiones en Coapa. Analizaba a sus compañeros para aprender, se retaba con ejercicio extra… y todavía pedía a su hermana que lanzara balones para volar por la casa.

A los 18 años, el director técnico americanista, Leo Beenhakker, lo sorprendió en el desayuno: "Serás titular, si te equivocas no es tu culpa sino mía". Muy nervioso, no avisó a su familia, pero al debutar descubrió una serenidad que ni él conocía. Las Águilas ganaron con sus rizos al aire salvando la meta.

A los 19 ya era campeón y a los 20 mundialista. En cuanto a la medalla perdida en el colegio, la conquistaría en 2021 en los Juegos Olímpicos pospuestos de Tokio.

PAOLA MILAGROS ESPINOSA

HAZAÑA, LA DE LA VIDA

NACIÓ EL 31 DE JULIO DE 1986

BRONCE EN BEIJING 2008 Y
PLATA EN LONDRES 2012

4 MEDALLAS EN CAMPEONATOS MUNDIALES

15 MEDALLAS EN JUEGOS
PANAMERICANOS (2003-2019)

Su segundo nombre, Milagros, no alcanzaba a expresar todo lo que sus padres se angustiaron y lloraron, pidieron y creyeron, oraron y rogaron, antes de que naciera.

Un embarazo en el que, ante la irrupción de un tumor pegado a la piernita de la criatura, les dijeron que debían elegir entre la vida de la mamá o el bebé.

Los padres respondieron que no, que las dos estarían bien. Aún no contemplaba su primera luz y Paola ya era una triunfadora: había salido del parto tan sana y guerrera como la mujer que la alumbró.

Si el nombre Milagros definía esos meses, ya con la niña en brazos la familia Espinosa definiría su nueva etapa en el nombre del sitio al que se mudaba: La Paz.

Ser entrenador de natación trasladaba a Marco Antonio, su padre, hasta esa ciudad costera, donde Pao devoraría a idéntico ritmo mariscos y peligros. Con las almejas no había problema, pero con las travesuras sí, el riesgo como imán.

La cambiaron de escuela para que se tranquilizara, mas no sirvió. Diagnosticada con trastorno de déficit de atención e hiperactividad, sus padres decidieron que en lugar de darle las medicinas recetadas le harían quemar tan inagotable energía. Dejaban a Pao en el gimnasio seis horas a cada tarde: nadaba, corría, practicaba karate, destacaba en gimnasia, yéndose al fin serena. Tenía seis años cuando el televisor se convirtió en una bola de cristal. En los clavados de la china Fu Mingxia, en Barcelona 1992, la chica de los milagros vislumbró su futuro: "Hoy la ven a ella, pronto a mí", aseguró, mentalizada en ser clavadista.

A la niña que nunca había temido a los más intrépidos juegos, le faltaba subir a la plataforma de diez metros. Fue girar la mirada desde las alturas a las ondulantes aguas y descubrir un miedo que, pese a los años y el éxito, la acompañaría.

Si a los 11 meses llegó a La Paz, con 11 años regresaba sola a la capital, donde su gran potencial sería desarrollado. Alejarse de la hermana con la que antes reñía, del sonido del mar, del cobijo de sus papás, le abrirían un vacío.

Ni distracciones, ni ocio, ni lo propio para su edad, la rutina de Paola se resumía en esa eterna repetición, cada vez más impecable, de sus vuelos a la piscina. Doscientos en la mañana, otros cien por la tarde, dos mil clavados por semana. En búsqueda de la perfección, un salto malo en el entrenamiento implicaba, al margen del panzazo o espaldazo, una noche en lágrimas, sin dormir, soñando el movimiento.

Si alguien pensó en hazañas al observarla ganando dos medallas olímpicas, Paola pudo responder: hazaña, el milagro de la vida.

ANDRÉS GUARDADO
EL PRINCIPITO

NACIÓ EL 28 DE SEPTIEMBRE DE 1986
RÉCORD DE PARTIDOS CON LA SELECCIÓN MEXICANA
EXTRANJERO CON MÁS PARTIDOS EN EL BETIS
TÍTULOS CON DEPORTIVO, PSV Y BETIS

Atento al entrenamiento del equipo de segunda división Cihuatlán, ubicado 300 kilómetros al sur de Guadalajara, se veía a un muchachito muy flaco y con el cabello rizado.

Andrés observaba embelesado a su hermano Alejandro, nueve años mayor, deseando un día jugar futbol como él y ser dirigido por una leyenda recién retirada como Daniel "Travieso" Guzmán, que en ese momento silbaba para indicar algo. El primogénito de los Guardado no llegaría a primera división, aunque sí regaría inspiración para que su hermanito lo lograra e incluso le contagiaría su pasión por el Atlas (club al que acudía la familia por una membresía regalada a su papá en el trabajo).

La sorpresa inicial en su casa no era la coordinación de Andrés al patear un globo, sino que lo hacía siempre con el pie izquierdo. Zurda con la que, en cuanto tuvo un balón cerca, reventaría vidrios y lámparas.

No tardó en ingresar al Atlas Chapalita y destacar sobre el resto. La entrenadora, Vicky Tovar, futura árbitra, se impresionaba con su capacidad para conducir con la mirada en alto y, contra su voluntad, lo movía a la banda derecha para que puliera la otra pierna. Tanto confiaba en sí mismo el niño que en su cuaderno escolar ensayaba los autógrafos que ya repartiría.

A los 15 años todo se trastocó. Hubo crisis económica en su hogar y Andrés, lejos de ser llamado a selecciones menores como algunos de sus compañeros, perdió la titularidad con las promesas atlistas. Demasiado sacrifico implicaba gastarse su minúsculo salario en una preparatoria abierta y faltar a las fiestas a las que iban sus amigos, como para ni siquiera alinear. Pactó con sus padres que lo intentaría hasta los 18 años. Si para entonces no saltaba a primera dejaría el futbol.

A un mes de vencerse ese plazo, el destino quiso que el mismo Daniel Guzmán que lo conociera en Cihuatlán, tomara el timón del Atlas y requiriera a un hombre por izquierda. Eligió a Andrés, quien ni era indiscutible en fuerzas básicas, y lo debutó.

Cierta mañana el Travieso regañaba al plantel y no mencionó al más jovencito, quien, muy serio, le pidió que a él también lo corrigiera, que necesitaba mejorar. Con esa mentalidad se sometió a carga adicional en gimnasio y cancha.

Menos de un año después de su irrupción en la máxima categoría, Andrés jugaba el Mundial de Alemania 2006. Por más de 15 años se mantendría en Europa, ídolo de sus diversas aficiones gracias a su liderazgo, profesionalismo y regularidad. Los anhelos desatados en Cihuatlán, siguiendo a su hermano, se multiplicaron en el Viejo Continente.

MARÍA DEL ROSARIO ESPINOZA

PESCADORA DE MEDALLAS

NACIÓ EL 29 DE NOVIEMBRE DE 1987

ORO EN BEIJING 2008, BRONCE EN LONDRES 2012, PLATA EN RÍO 2016

TRES VECES MEDALLISTA EN COPA MUNDIAL

MEJOR DE LA HISTORIA EN 67 KG, PESE A MEDIR 1.73 M

Entre las frutas que colgaban de los árboles del pueblo sinaloense de La Brecha, la inquieta Chayito siempre trepaba hasta las más altas. Eso le supuso caídas y raspones, aunque de ninguna forma quejas o llanto.

En su casa se respiraba gratitud desde que una peregrinación por la Virgen del Rosario convenciera a su padre de bautizarla con ese nombre. Gratitud repetida cada que Marcelino Espinoza volvía tras semanas ininterrumpidas navegando en su barca camaronera y aseguraba que le había ido muy bien en altamar. ¿Muy bien? Pero si el pescado no bastaba, si los meses de veda se acercaban y urgía llenar el congelador, si la familia no estaba para lujos y las lecciones de taekwondo de la niña sin duda lo eran. Muy bien, insistía el humilde pescador, simplemente por regresar con vida.

El abuelo materno de Chayito, al que llamaban Chaviro, había muerto en una salida al océano, recordándoles que en esas olas se escondía lo mejor y lo peor, sustento y amenaza.

Amante del boxeo, Marcelino ponía los guantes a su hija y se emocionaba viéndola derrotar a sus primos mayores. Poderío físico multiplicado porque al acompañar al campo a su otro abuelo, el regañón Tata Quequé, la pequeña cortaba leña y araba el maíz, sembraba tomate y calabaza, recorría casa por casa en bicicleta para vender la cosecha.

Del box pasó al taekwondo solo porque no se impartía otro deporte en La Brecha. En un cuarto cuyo techo desprendía pedazos al llover, el entrenamiento iniciaba con Chayito y sus compañeros barriendo el suelo salpicado de cal y piedras. Lo siguiente eran esas veloces patadas con las que, heredera de la agilidad de tantos pescadores brecheños, María del Rosario no hallaba rival.

Para elevar su nivel necesitaba una capacitación nada más disponible en la vecina ciudad de Guasave. Con escasos diez años empezó a perder dos horas de cada tarde en el autobús (una de ida y otra de vuelta), en las que completaba la tarea escolar, comía su lonche de marisco guisado y cabeceaba rendida, como si encima no tuviera que llegar a entrenar.

En cierto punto, debió mudarse a Guasave. Alejarse de sus papás le generó un gran vacío, mas al contemplar al taekwondoin mexicano Víctor Estrada conquistar una medalla en Sídney 2000, actualizó la meta de la infancia: no se conformaría más que con la fruta más alta. Ocho años después se colgaba el oro en Beijing y desde el podio se imaginaba La Brecha.

Entre su equipaje siempre viajaría una Virgen del Rosario. Gratitud y esfuerzo, como aprendió de Marcelino, con los que también ganaría presea en Londres y Río.

HÉCTOR MORENO
EL CULICHI EUROPEO

NACIÓ EL 17 DE ENERO DE 1988
CAMPEÓN MUNDIAL SUB-17 EN 2005
2 LIGAS DE PAÍSES BAJOS (2009 Y 2016)
4 VECES MUNDIALISTA (2010-2022)

Mucho más que un trabajo, para el "Guacho" Morales el estadio de la Universidad Autónoma de Sinaloa era su vida. Además de ocuparse de todo, desde pintar la cancha hasta mantener las gradas, dormía en un cuarto en su interior. Ahí mismo su esposa vendía comida a los asistentes.

Eso permitía a su bisnieto, Héctor, jugar futbol cada domingo en tan majestuoso escenario… aunque, en realidad, él prefería la pelota caliente. Aficionado a los Tomateros de Culiacán, soñaba con convertirse en *shortstop* como su ídolo, Benjamín Gil.

Sin embargo, su hermano mayor eligió el futbol y sus padres no podían trasladarlos a sitios distintos. Del beisbol se alejaría. En sus primeros partidos lucía sin interés, más pendiente por escarbar bajo el pasto que del balón.

Vivía en la colonia Loma Linda en cuyas empinadas calles se armaban cascaritas que solía ganar quien atacara cuesta abajo. Ahí se enamoró de ese deporte cuando notó que su estatura le ayudó a ser campeón de goleo y le apodaron Cachi: abreviatura de cachirul, porque al verlo tan alto los rivales clamaban que falseaba su edad.

A los 13 años el Atlas lo integró a su cantera, ya como defensa, pero en sus meses rojinegros lo relegarían a la banca y terminarían por rechazarlo.

Desmotivado a su vuelta, el equipo de Los Mochis le ofreció participar en un torneo Nacional. Su papá lo llevaría a las prácticas a esa ciudad sin descuidar su trabajo como profesor de inglés. En ese certamen brilló al enfrentarse a Pumas y recibió una invitación del club auriazul, el predilecto de su futbolera mamá, Alcira. Solo por su insistencia resistiría.

Le aterrorizaba la capital, añoraba Culiacán, cerraba las sesiones físicas con mareos y vómitos, mas su familia lo conminó a no abandonar.

La recompensa fue inmediata: el Tri sub-17 lo convocó para el Mundial 2005 donde sorpresivamente fue titular y regresó como campeón del mundo.

Un desempeño que lo hizo saltar al AZ Alkmaar neerlandés dos años después. Si pensó que el entrenamiento en México era brutal, aquello se multiplicaría. Infinita repetición: cobertura, anticipación, recepción, control, salida.

La nostalgia también apretaba. Para hallar compañía manejaba a diario 50 kilómetros a un restaurante mexicano en Ámsterdam, hasta que su director técnico, Louis van Gaal, lo regañó por las multas por exceso de velocidad: para ser futbolista de élite debía ser impecable en todo sentido.

Impecable, sería Héctor. Impecable como el estadio a cargo de su bisabuelo en el que, sin sospecharlo, cambió de sueño: de correr por las cuatro bases a disputar cuatro Mundiales.

AÍDA
ROMÁN
LA AMAZONA MEXICANA

NACIÓ EL 21 DE MAYO DE 1988

MEDALLA DE PLATA EN LONDRES 2012

ORO INDIVIDUAL Y POR EQUIPOS
EN COPA MUNDIAL 2014

MEDALLISTA EN CUATRO JUEGOS
PANAMERICANOS (2007-2019)

Cualquier cosa aceptaba Aída menos faltar a una clase de gimnasia. Sus padres, que tanto hablaban sobre disciplina, esa tarde le suplicaban que se ausentara de una sesión en el Deportivo Moctezuma. Y todo, para llevarla a ver un deporte que por entonces ella ni entendía.

Como maestro de educación física, su papá había sido invitado a una clínica que impartiría la pionera del tiro con arco mexicano, Aurora Bretón. Aída, con diez años, acudió de mala gana y resignada a aburrirse.

Las flechas comenzaron a surcar los aires. Su ruido al encajarse en el blanco hechizaba. La genial Aurora lucía como personaje mitológico. Aída solo ansiaba sentir la vibración de la cuerda y disparar. Por siempre recordaría ese día como el más feliz de su vida.

Continuó en gimnasia, aunque cada vez más dudosa. Fue necesario que se rompiera un dedo del pie y se hartara de los gritos de una entrenadora para que, con 12 años, tomara una decisión: dejaría de usar los aparatos para volar y ahora haría con un arco que volaran las flechas.

Gimnasia o arquería, lo obligatorio era seguir en el deporte. Sus padres observaban cómo en la colonia Morelos, pegada al barrio de Tepito, varios vecinos caían en adicciones en la adolescencia y con el deporte pretendían cuidar a sus hijos, Aída la tercera en edad y única mujer.

A la par del tiro con arco jugaba básquetbol, beneficiada por medir casi 1.70 metros. Solitaria e introvertida en la secundaria, su hábitat natural era afinando la puntería ya fuera a la diana, ya fuera a la canasta.

Llegaría hasta los 18 años pensando que aquello no pasaba de un *hobby*. Estaba tan convencida de que requería un trabajo que renunció a Artes Plásticas, por suponer que la carrera de Administración le ayudaría a hallar más fácil un empleo.

Cierto día de 2006, una compañera arquera anunció que no podía viajar a China al selectivo premundialista. Ofrecieron a Aída esa plaza. Sorpresa de sorpresas, la desconocida se coronó. Vinieron los Panamericanos 2007 en Río de Janeiro y entonces conquistó la plata.

En 2008 debutaba en los Juegos Olímpicos, experiencia que le permitiría asimilar que aún distaba de la cima. Se prepararía con el mismo ímpetu de su infancia cuando no perdonaba una sesión de gimnasia. Tendría jornadas en las que tiraría más de mil flechas.

En Londres 2012 convertiría a Lords, el santuario histórico del cricket, en altar mexicano. Subiría al podio con plata y detrás de ella su compatriota, Mariana Avitia, con bronce. Por tercera vez y primera desde 1984, dos banderas de nuestro país ondeaban en una premiación.

JAVIER HERNÁNDEZ
EL CHICHARITO

NACIÓ EL 1 DE JUNIO DE 1988

2 PREMIER LEAGUE CON MANCHESTER UNITED (2011 Y 2013)

EQUIPO DEL AÑO EN LA BUNDESLIGA (2016)

GOLEADOR HISTÓRICO SELECCIÓN MEXICANA (52 GOLES)

El balón se ocultaba entre niños que lo perseguían, pero los nombres de esas canchitas jaliscienses invitaban a soñar: San Siro, Wembley, Bernabéu.

Sueño del que Javier despertaba de golpe al regresar a casa y pelotear en el jardín con dos glorias: el abuelo Tomás, mundialista en 1954, le corregía la posición al cabecear sin importarle sus dolores de cadera; su padre y tocayo, mundialista en 1986 al que apodaran Chícharo, le reclamaba defectos en las coberturas. Ya podía meter 10 goles, la crítica resultaba despiadada.

Vida marcada por el futbol, los cambios de club de su papá obligaron a Javier a adaptarse a diferentes ciudades y contextos. De los 7 a los 11 años radicó en Morelia, donde jugaba en un terreno baldío, aunque a cada vacación las Chivas lo integraban a sus categorías menores.

Al instalarse de vuelta en Guadalajara sufrió dos contradicciones. Por un lado, se atribuía su presencia en el equipo a influencias familiares, cuando enfrentaba máxima exigencia. Por otro, una inesperada crisis económica; acostumbrado al glamur de su padre dando autógrafos, de pronto los abuelos maternos ayudaban a que hubiera comida.

Por esos tiempos, firmó su primer contrato. Eso implicaba entrenar por la mañana y moverse a una escuela vespertina. Tras unos malos partidos, dijo en llanto a su mamá que no valía la pena alejarse de sus amigos y rutina, que dejaba el futbol. No recibió apapachos sino un severo regaño por claudicar, vencerse, negarse a luchar.

Brincó tarde a tercera división y debutó con gol. Esa noche durmió en casa de sus tíos con dos conjuras en la mente: se creería el mejor y, como sabía que no lo era, trabajaría como nadie.

No se desplomó al ser cortado de la selección sub-17 en 2005. De hecho, al verla campeona mundial, elevó su tenacidad. Al año se lesionaron dos delanteros del equipo mayor de Chivas y Javier fue convocado. Ese día el entrenador lo llamó y, mientras se acercaba con las piernas engarrotadas para ingresar, se serenó con una frase del abuelo Tommy: una pastilla de "no importa" y a darlo todo. Anotó. Todavía faltaban vaivenes, pero tres años después, aspiraba a ir a Sudáfrica 2010 ya como estrella del Rebaño.

Cierta vez, de salida del Estadio Jalisco, su papá le enseñó en el coche la tarjeta de un visor del Manchester United. Al reunirse, Javier se saltó al traductor y, arrojado como en la cancha, demostró en su mal inglés que estaba para el reto.

En unos meses sería titular en plena final de Champions en Wembley y luego local en el Bernabéu: los nombres de los campos de su infancia eran realidad.

PAOLA LONGORIA

DIOSA POTOSINA

NACIÓ EL 20 DE JULIO DE 1989
12 TÍTULOS EN EL US OPEN
3 VECES CAMPEONA EN JUEGOS MUNDIALES
RÉCORD DE INVICTO CON 41 MESES SIN PERDER

El sol potosino caía a plomo en esa cancha de tenis. Acalorada, insolada, fastidiada porque su mamá le untó bloqueador a la fuerza, esa niña apodada la Peque se debatía. Le gustaba la raqueta, pero detestaba sentir los rayos de sol en la cara.

A los siete años lo resolvería en un campamento de verano en el Club Libanés. Ahí descubrió, cual revelación, el ráquetbol: la posibilidad de continuar con la raqueta… aunque bajo techo.

De entrada, Paola quiso cambiar las reglas. Temerosa de raquetazos, decidió que lo ideal era turnar puntos con su rival: primero una golpearía la pelota y se saldría a esperar; entonces la otra ingresaría y haría lo propio. Resignada, entendió que así no funcionaba ese deporte y, de a poco, el miedo cedió. También ayudó su urgencia por sustituir el *ballet* que no soportaba en sus clases vespertinas.

Cada tarde practicaría ráquetbol dos horas, seguido por otras tres de gimnasia, básquetbol, futbol, lo que se le ocurriera a Leticia, su madre, para canalizar tanta energía.

Por una negociación se había acercado al futbol en casa de la abuela. Y es que su hermano mayor, Edgardo, accedía a jugar a las muñecas si luego Paola echaba con él remates a portería. Edgardo no contaba con que la Peque patearía el balón tan duro.

Tenía nueve años cuando su entrenadora la registró en el certamen nacional de ráquetbol, pero, para no presionarla, le dijo que se trataba de un simple torneo. Apenas al recibir el trofeo de subcampeona, Paola supo que ya era la segunda mejor del país. Eso la calificó al Mundial que se disputaría en California, al que no acudiría porque al explicar a sus papás que le dieron el pase, no le creyeron a tiempo, y cerraron las inscripciones.

Un año después, sí fue al Mundial en Orlando y se consagró como la tercera mejor de su edad en el planeta. Su familia festejó, mas no ella, satisfecha solo con lo máximo. Con enojo repetía en casa: ¿cómo hago para nunca perder? El camino era disciplina, autocrítica, sacrificar una vida como la de sus amigas. A partir del siguiente Mundial de categoría restringida, Paola ya conquistó todos y, de repente, ¡tremenda sorpresa!, a los 18 años llegó a la final del US Open entre mujeres que le sacaban dos cabezas.

La noche previa, su mamá la escuchaba quejarse dormida con un cuerpo adolorido por el esfuerzo. Como sea, iniciado el partido, Paola se coronó. Comenzaba el reinado más imponente en la historia del ráquetbol femenino.

Con la desventaja de ser bajita, con la ventaja de su mentalidad: ganar siempre, ganar todo… y, si es lejos del sol, para ella mejor.

GUADALUPE GONZÁLEZ

GUERRERA DE TLALNEPANTLA

NACIÓ EL 9 DE ENERO DE 1989

PLATA EN 20 KM MARCHA EN RÍO 2016

PLATA EN MUNDIAL DE ATLETISMO EN LONDRES 2017

ORO EN CAMPEONATO MUNDIAL MARCHA EN 2016

Ronda a ronda, victoria a victoria, crecía en Lupita el sueño de disputar la final del certamen Guantes de Oro en la icónica Arena México; de subir al cuadrilátero por donde lo hicieran tantas glorias; de ser como su idolatrado Julio César Chávez; de saltar de ahí a unos Juegos Olímpicos, que estaban por al fin aprobar el boxeo femenil, y conquistar una medalla.

Lupita avanzó a la final, pero recibió una noticia que la devastó: le prohibían contender por el título por resultar demasiado liviana para la categoría minimosca, ni siquiera la pesarían.

Atrás quedaba su llegada al pugilismo. Historia iniciada cuando su hermano José Alfredo fue golpeado y decidió aprender boxeo para defenderse. De tanto acompañarlo, Lupita terminó por entrenar y destacar con su disciplina, con su movilidad de piernas, con su incisivo recto, peleando siempre contra hombres.

Durante un año se negó a todo deporte. Vagaba por las calles nostálgica por las gestas boxísticas que ya no serían. Sufría al pensar en la Arena México.

Cierta tarde llevó a su primo a jugar futbol en una filial del Cruz Azul. Mientras esperaba a que saliera, clavó los ojos en una pista de arcilla vecina. Se acercó al entrenador y le preguntó si podía instruirla en atletismo. Pese a no pertenecer al Tecnológico de Tlalnepantla, el dueño de la instalación, el profe José Luis la aceptó al ver su afán de correr.

Los 400 metros se convirtieron en su prueba favorita, inspirada por las recientes hazañas de Ana Guevara. Sin embargo, el futuro de Lupita cambiaría con una lesión en los 400 con vallas. El médico le explicó que para sanar necesitaba fortalecer los músculos ejercitados en la caminata. Desencajada, sintiéndose ridícula con esa técnica, dio una vuelta. José Luis, impresionado, le gritó: "¡Vas a ganar una medalla olímpica en marcha!". La chica de 22 años supuso que solo se lo decía para motivarla, pero semanas después fue tercera en una justa universitaria y se convenció de su enorme potencial. Cada mes pulverizaba sus registros, incansable en el esfuerzo e insaciable de mejora.

En 2015, a minutos de competir en el Mundial de marcha en Roma, el legendario Daniel Bautista le aseguró que, si subía al podio, sin duda ganaría medalla olímpica. Lo logró y por primera vez visualizó en su cuello la misma presea que antes deseara como boxeadora.

Al viajar a Río 2016 se despidió de sus padres, Justina y Enrique, prometiendo una medalla. No falló. Plata que le supo a poco, mas los anhelos de oro no serían en Tokio 2020: Lupita, intachable en Río, resultaría suspendida por un dopaje posterior.

CARLOS VELA
EL NIÑO HÉROE

NACIÓ EL 1 DE MARZO DE 1989
CAMPEÓN MUNDIAL SUB-17 EN PERÚ 2005
TERCER MEJOR FUTBOLISTA DE ESPAÑA
EN 2013 (TRAS MESSI Y CRISTIANO)
CAMPEÓN DE LA MAJOR LEAGUE
SOCCER (MLS) CON LAFC EN 2022

Entre los primeros habitantes llegados a Cancún, tras su fundación a inicios de los setenta, estaba un futbolista de Campeche llamado Enrique Vela.

Con él nacería el Pioneros de Cancún Futbol que hilvanaría ascensos hasta segunda división. Carrera truncada por una fractura que lo orilló al retiro y a ocuparse del negocio familiar de tornos y refacciones, reparando coches y lanchas.

Sus cuatro hijos seguirían el legado paterno, jugando entre playas vírgenes y hoteles en construcción. Pasión futbolera que estallaba en el jardín de la casa o, al oscurecer, en la mismísima sala. A pelotazos ahí destrozaban jarrones, focos, adornos e incluso la pata de la mesa. Para colmo, mojaban el piso para barrerse en épicos partidos en los que, cierto día, el tercero en edad se abrió aparatosamente la barbilla.

Su nombre, Carlos, muchacho tratado por sus hermanos mayores como juguete. Experimentaban con él, le decían cómo rematar a gol, y el niño respondía arrasando en el club Ko Cha Wolis, traducible del maya como "balón redondo".

Al cumplir seis años pidió puras pelotas de regalo y reunió 15 sin aceptar compartirlas. Las pateaba, también las sostenía para tirar a canasta, desde siempre dividido entre dos deportes. Los sábados por la mañana hacía ganar a su equipo de futbol y por la tarde al de básquetbol, llegando a representar a Quintana Roo en las dos disciplinas. Eso cambió a los 12 años cuando se decidió por el futbol, quizá influido porque su hermano Álex acababa de integrarse a las inferiores del Guadalajara.

El Pachuca lo buscó, pero el obstinado Carlos se negó. Entonces las Chivas le ofrecieron acudir como invitado a un torneo en Argentina, lo que implicaba pagar parte del viaje. Su madre, Nella, juntaría el dinero necesario vendiendo alhajas. En ese certamen sus goles llevaron al Rebaño al título y ya no volvió a Cancún.

Como no pasaba de los 14 años, una familia tapatía le concedía hogar y cuidado. Era el máximo prospecto de la cantera chiva, aunque relegado a la banca por rehuir al trabajo físico. Una vez que entraba, resolvía. Circunstancia que mantendría dos años después en la selección sub-17. Por apático que fuera, en la cancha guiaría a México a la corona mundial.

El Arsenal detectó al adolescente y lo amarró. Sin embargo, no triunfaría con el cuadro londinense, sino con la Real Sociedad, donde muchos lo consideran el mejor extranjero de la historia.

De la infancia conservó la cicatriz en la barbilla, la genialidad con el balón y la firmeza de ideas, lo que lamentó el Tri al perdérselo en su cúspide.

SERGIO PÉREZ
PROHIBIDO RENDIRSE

NACIÓ EL 26 DE ENERO DE 1990

6 VICTORIAS Y 34 PODIOS EN FÓRMULA 1 (HASTA 2023)

SUBCAMPEÓN FÓRMULA 1 EN 2023

UNO DE LOS DIEZ PILOTOS CON MÁS GP DE FÓRMULA 1

Todavía no veía su primera luz y el deporte motor ya había influido en su vida.

El parto del tercer hijo de Marilú y Antonio se adelantó porque el papá debía viajar a las célebres 24 horas de Daytona, bebé que aceleró antes de nacer.

Un hogar aferrado al automovilismo pese a las carencias. En su juventud, Toño rentaba las revistas de deporte motor que no podía comprar y se basaba en sus fotos para pintar carretas como monoplazas de Fórmula 1. Pasión que halló sentido cuando, entre sus numerosos oficios, le tocó lavar un coche de carreras. Lo hizo tan bien que le permitieron conducirlo en algún evento en el Autódromo Jalisco y ahí se coronó. Aventura al volante terminada al lesionarse la espalda en un accidente… pero lo mejor vendría con sus descendientes.

El primogénito, Antonio Jr., participaría en diversos seriales. Checo, cuatro años menor, se convertiría en 1998 en el campeón juvenil de karting de más baja edad. Mérito adicional porque no desgastaba los neumáticos al entender sus limitantes económicas.

Enfrentar a niños mayores generó tensión con sus padres. Adherían peso a su coche para restarle velocidad y ni así lo derrotaban. Perdió pocas veces, como cierto día en el que se distrajo pensando en el partido de su adorado América. Regañado por su papá, Sergio amagó con dejar el deporte motor para irse al futbol. Tentación que quizá reprimió al ser testigo de los éxitos de Adrián Fernández. Toño trabajaba con ese piloto mexicano y Checo lo acompañaba para ayudar en lo que fuera.

Llegó el momento de competir en EUA, mas los Pérez no podían pagar hoteles. Padre e hijo maldormían acurrucados en el coche, con patrullas exigiéndoles que se movieran a cada rato. Eso cambió cuando el empresario, Carlos Slim Domit, detectó su mentalidad y potencial. Así fue como Escudería Telmex empezó a invertir en su desarrollo.

A los 15 años, Checo mandó *mails* a varios equipos de Fórmula BMW hasta que uno lo aceptó. Lo esperaba un pueblito en Alemania. Viviría en un minúsculo cuarto sobre un restaurante en el que apoyaba cocinando y lavando platos. Extrañaba muchísimo a su familia, pero sabía que no existía otro camino. Saltó a la F3 británica y sus triunfos lo afianzaron como gran promesa.

A cada etapa superó obstáculos, ejemplar fuerza de voluntad que en 2011 lo catapultó a la Fórmula 1. Legado de la infancia, mantuvo su maestría para cuidar neumáticos. Mientras subía al podio, se leía la frase medular en su casco: jamás rendirse. De Guadalajara a la cima en circuitos como Mónaco o Singapur, Checo se erigió como homenaje a la resiliencia.

SAÚL ÁLVAREZ

EL CANELO

NACIÓ EL 18 DE JULIO DE 1990

CAMPEÓN MUNDIAL EN CUATRO CATEGORÍAS

NOMBRADO SEIS AÑOS MEJOR
BOXEADOR LIBRA POR LIBRA

60 VICTORIAS EN SUS PRIMERAS 64 PELEAS

Triste recorrido de 30 horas en coche por el oeste de México, desde Tijuana hasta Juanacatlán, Jalisco. 2,300 kilómetros de impotencia y resignación: Rigoberto Álvarez apretaba el volante asimilando que su carrera en el boxeo no iría a más.

A sus 24 años concluía con pesar que dejaría el pugilismo tras apenas haber peleado una vez en dos años en Tijuana. En medio de las palabras de bienvenida a casa, su hermano 12 años menor, Saúl, le preguntó por los guantes que le prometió. Cargándolo le pidió con ternura que primero lo abrazara y le dio las llaves del coche para que los tomara.

Mientras Rigo hablaba a sus padres de su frustración, a un costado Saúl los estrenó boxeando con otros niños. De pronto, notó dos cosas: que su hermanito lloraba del coraje porque su ídolo estaba al borde del retiro; que combinaba los golpes con una calidad imposible para su edad. En la desilusión emergía una esperanza. Pactaron entrenar juntos a cada noche.

Santos y Ana María, sus papás, habían vivido en varios pueblos entre Michoacán y Jalisco hasta asentarse en Juanacatlán. Sacarían adelante a sus ocho hijos, siete de ellos varones, vendiendo aguas frescas y paletas heladas. El propio Saúl se subía desde los siete años a autobuses para ofrecer paletas en una pugna contra el tiempo: el producto se derretía si no lo despachaba rápido.

Los apodos burlones que recibía por ser pecoso y pelirrojo lo llevaron a lanzar sus primeros puñetazos afuera del colegio. A eso se añadió la necesidad de respuestas al divorciarse sus padres cuando sus hermanos ya estaban casados. Respuestas que llegarían entrenando con Rigo, quien, sin embargo, le forjó una disciplina en esas mañanas en las que el niño se aferraba a la cama y no quería correr.

En un punto entendió que alguien debía impulsar a Saúl a otro nivel. José "Chepo" Reynoso lo probó en el gimnasio Julián Magdaleno de Guadalajara y, al verlo noquear a muchachos mayores, clamó que puliría a ese diamante en bruto.

Juntos emprenderían un gran camino. El subcampeonato juvenil a los 14 años y el título en la Olimpiada Nacional a los 15, levantaron expectativas. Entonces se efectuó en Zapopan una función de récord Guinness en la que los siete hermanos Álvarez pelearon. Saúl era una realidad. Los apodos, antes tan molestos, daban pie a una marca: el Canelo.

A los 20 años conquistó su primer cetro mundial, algo que convertiría en rutina en cuatro categorías distintas. Para ese momento ya lo entrenaba el hijo de Chepo, Eddy Reynoso, aunque siempre con el recuerdo de Rigo como inspiración inicial.

NURIA
DIOSDADO
SIRENA TAPATÍA

NACIÓ EL 22 DE AGOSTO DE 1990

ORO EN DUETO Y POR EQUIPOS EN PANAMERICANOS 2023

ORO EN COPA MUNDIAL NADO SINCRONIZADO EGIPTO 2023

MÁXIMA GANADORA FEMENIL DE OROS EN JUEGOS CENTROAMERICANOS

Nuria odiaba el agua. Cada clase de natación representaba un suplicio, sesión ininterrumpida de llanto y pataletas. Había empezado a nadar para seguir los pasos de su hermana cuatro años mayor, necesitada de hacerlo por padecer asma.

Una casa particular en la que papá y mamá eran pediatras. Cierto día su padre, Gilberto, inventó que la vacuna que le aplicaría servía para que le gustara el nado. La "jeringa mágica" funcionó. Esa tarde la niña de dos años corrió por su traje de baño, se lo puso chueco y caminó feliz a la alberca.

Ya no dejaría de nadar en las instalaciones del club Atlas, en Guadalajara, del que los Diosdado eran socios. Ahí descubrió el nado sincronizado a los cinco años. Si alguien calificaba algo como imposible, se empeñaba en lograrlo. Afirmó que sería astronauta al escuchar a un compañero clamar que las mujeres no van al espacio.

Más por terquedad que por talento natural fue la última clasificada de Jalisco para la Olimpiada Nacional 1999. A diferencia de las demás seleccionadas, le faltaba elasticidad. Al salir del colegio la esperaban cuatro horas de nado sincronizado con el equipo, seguidas por otra hora a solas en la que luchaba por flexibilizar su cuerpo. Rutina que duraría muchos años en los que se acostumbró al tremendo dolor de su entrenadora sentada sobre su cadera o rodillas para quitar rigidez a sus músculos.

A los 13 años sus papás le regalaron un viaje a los Mundiales de natación en Barcelona. Regresó cargada de convicción de que llegaría a ese nivel y de grabaciones de las mejores. Por las noches replicaba en la sala movimientos que veía en cámara lenta y al dominarlos los ejecutaba en la piscina.

En el selectivo nacional fue doblemente elegida. Debía escoger entre ser la estrella de categoría junior o la última de la división abierta. Prefirió lo segundo y se mudó a la capital mexicana con la dificultad que eso implicaba a los 15 años. De inmediato acudió como titular a los Centroamericanos de 2006.

Sin embargo, en 2010 sus sueños se trituraban. Nuria confundió la presentación de un jarabe para tratar una infección de garganta, ingiriendo el que incluía clembuterol, y arrojó dopaje positivo. Entre lágrimas y desánimo, sin hallar sentido al esfuerzo, siguió entrenando. Ante las sólidas pruebas aportadas por sus padres en Suiza, el castigo bajó al mínimo.

Alcanzó a competir en Londres 2012 y continuó triunfando por mucho más de una década, en la élite mundial, en las aguas que detestara. Acaso la vieja inyección no fue para que aceptara nadar sino para jamás darse por vencida.

VAITIARE KENTI
ROBLES
CAPITANA TRICOLOR

NACIÓ EL 15 DE FEBRERO DE 1991
6 LIGAS DE ESPAÑA
3 VECES EN EQUIPO IDEAL DEL AÑO EN ESPAÑA
MEJOR LATINOAMERICANA
LIGA ESPAÑA EN 2020

Conforme avanzaba el curso escolar, crecía la frustración de Vaitiare por no portar la bandera mexicana en la escolta. Cierta tarde volvió a casa y, luego de jugar futbol con su primo Martín, pidió a su tía que le ayudara a lograr esa meta (como siempre, a esa hora su mamá estaba trabajando).

Acudieron al colegio, tan incisiva la tía como la sobrina, y convencieron al director. Para el lunes Vaiti desfilaba orgullosa con la bandera nacional.

Su madre, Mirtha, había llegado de Perú huyendo de los atentados del grupo armado Sendero Luminoso. En México estudió y tuvo una hija a la que llamó con dos peculiares nombres: Vaitiare, que significa flor de agua para los polinesios, y Kenti, colibrí en el quechua hablado en los Andes que dejó atrás. Sin embargo, solían referirse a la pequeña con el primero de ellos. En cuanto a su papá, desapareció antes incluso de que naciera.

Años después, Mirtha conoció a un inmigrante catalán, Luis, quien fungiría como genuino padre. Juntos se fueron de México cuando Vaiti tenía ocho años. Una oferta laboral los movió a República Dominicana y más adelante a España, pero la niña se llevó ese país en el alma: sus colores y sabores, su afición al América y sus goles entre puros hombres, su carácter obstinado en ganar en todo: desde las calificaciones hasta las carreras.

A los 12 años, aterrizados en Barcelona, hizo una petición a sus papás: no le importaba dónde viviría sino dónde jugaría futbol.

A Mirtha no le agradaba la idea, mas Luis apoyó a su hija. Así encontraron un anuncio del club Espanyol convocando a pruebas para mujeres de esa edad. Vaiti las pasó.

Consciente de que resaltaba por condición física y garra, se obligó a crecer técnica y tácticamente. A cada año se imponía mejorar una nueva faceta de su juego hasta que se consagró como una de las mayores promesas de Europa.

La mexicana Maribel Domínguez militaba en el Barça y notó la calidad de esa chica cuando ya estaba por los 15 años. Al saber que era su compatriota la recomendó ante la Femexfut. Al cabo de un tiempo disputó el Mundial sub-20 como tricolor. Para entonces era famosa como Kenti, porque Vaitiare resultaba tan complicado que le llegaron a decir Voltaire.

Con acento español y corazón mexicano portaría el gafete de la selección con la gallardía con que cargó la bandera en la escolta en su infancia. Pudiendo representar a otros países, no lo dudó: pertenecía a donde nació.

Gracias a su ética de trabajo ganó todo con Atlético y Barcelona. En 2020 fue el fichaje estrella del recién formado Real Madrid femenil.

RAÚL ALONSO JIMÉNEZ

EL LOBO DE TEPEJI

NACIÓ EL 5 DE MAYO DE 1991

MEDALLA DE ORO EN LONDRES 2012

MÁXIMO GOLEADOR EN PREMIER
LEAGUE DE WOLVERHAMPTON

TÍTULOS CON AMÉRICA, BENFICA
Y ATLÉTICO DE MADRID

Desde Tepeji del Río los Jiménez se asomaban al mundo. Con mamá y papá como sobrecargos de aviación, a diario los niños memorizaban un nuevo destino. Ciudades en Latinoamérica, EUA, Europa que, para el primogénito, Raúl Alonso, se traducían en equipos de futbol. Máxime que la canchita en la que entrenaba, a 15 kilómetros de casa, en Cd. Cooperativa Cruz Azul, se denominaba Wembley, como la de Londres.

Cuando estaba por cumplir seis años, sus padres le avisaron que se mudarían a la capital porque el tráfico dificultaba su traslado al aeropuerto. Se instalaron en la Jardín Balbuena, vecinos a esas pistas de las que constantemente despegaban.

Lo inscribieron en las fuerzas básicas de Cruz Azul, club predilecto de su papá, también llamado Raúl (de hecho, sus tres hijos portarían ese nombre). Solo por encontrarse muy lejos de casa, buscaron algo más cerca y llegaron al América.

Por esas fechas, Raúl Alonso viajó a Madrid con su padre y visitó el Bernabéu. Al enterarse de las gestas de Hugo Sánchez, aseguró que él sería el delantero mexicano del futuro.

Año con año se consagraba campeón de goleo en la cantera águila. Los rivales no decían que iban contra su equipo, sino contra Raúl. En vano intentaban marcarlo entre tres. Pese a tan precoz fama, el niño se mantenía tranquilo y callado.

Con la adolescencia surgieron dos problemas. El primero, que no crecía y perdía ventaja al jugar.

El segundo, que se juntó con chicos menos comprometidos y se contagió. Luego de una sesión en el bosque de Tlalpan en la que Raúl Alonso se negó a correr, Guillermo Huerta, su entrenador, le advirtió que si no cambiaba lo daría de baja.

El muchacho asimiló el mensaje a la misma velocidad con que su cuerpo en ese preciso instante estiró. A los 14 años acudió a un certamen infantil en Perú y quisieron quedárselo. A los 16 pasó igual tras brillar en un torneo en Brasil. En los dos casos, sus papás insistieron que se iría hasta formarse como persona. Eso sucedió a los 22 años, cuando el Atlético de Madrid lo adquirió. Para entonces ya había ganado el oro olímpico –en Wembley, como el de sus inicios en Hidalgo– y ya había sido bicampeón con América.

Cada que su camino parecía trazado, debió luchar. Para salvar al Tri en 2013 con un gol de chilena, para ser titular en Europa, para consolidarse en Inglaterra, para volver de una espeluznante fractura de cráneo que amenazó su vida y lo obligó a un periodo de recuperación tan largo como incierto. Sereno y concentrado en su futbol, como en los tiempos de Tepeji, seguiría celebrando goles en la Premier.

CHARLYN CORRAL
ESPAÑA A SUS PIES

NACIÓ EL 11 DE SEPTIEMBRE DE 1991
CAMPEONA DE GOLEO LIGA ESPAÑOLA EN 2018
GOLEADORA HISTÓRICA DEL LEVANTE ESPAÑOL
PLATA EN UNIVERSIADA MUNDIAL
2013 Y CAMPEONA GOLEADORA

El espectáculo estaba fuera de la cancha. Mientras los Pumas sub-10 jugaban con George Corral como defensa, al otro lado de la línea de banda, entre los familiares que veían el partidito, su hermana menor Charlyn acaparaba miradas dominando virtuosamente el balón.

Tan deslumbrante que Rafael Amador, mundialista en 1986, la invitó a una singular prueba. Colocó a tres porteros mayores que esa niña de nueve años, instándola a tirar al arco. Disparo a disparo, de derecha o zurda, todo terminaba en gol. Ese día le habló de un proyecto de futbol femenil y se aseguró de que acudiera.

La fuerza y tenacidad de Charlyn no eran novedad. A las pocas semanas de nacida ya fue campeona al vencer un gravísimo problema de salud cuando un pulmón se le reventó. Al notar en su carita un tono morado, sus padres la trasladaron de emergencia al hospital donde pasaría largos e inciertos meses conectada a aparatos. Salió adelante, goleando al peor rival.

En casa, en Tepexpan, la rutina resultaba particular. Verónica, su mamá, se iba de madrugada a su trabajo como bibliotecaria de la UNAM. Así que quien se encargaba de los dos niños era su papá, Jorge, cuya ocupación como payaso en fiestas llegaba en sábados y domingos. Heredero de una tradición familiar de magos, titiriteros y bufones, además apasionado del futbol.

Desde que George y Charlyn tenían seis y cinco años, respectivamente, entrenaban cada tarde con su padre, rematando a una portería que el mismo Jorge soldó con tubos desechados. Pronto se unieron varios vecinos ya próximos a la adolescencia, impactados porque tan pequeña *crack* los superara en las diversas facetas del juego.

Solitaria y tímida, eso le supuso dificultades en el colegio. No faltó el maestro que le dijera que se dedicara a "cosas de mujeres" y sus compañeras la molestaban por vivir con una pelota en los pies. Rechazo que se transformaba en máxima popularidad en el recreo, la primera elegida al armarse los equipos era la única niña.

Por ello cuando Rafa Amador la llevó a un club femenil, Charlyn se sorprendió al jugar por fin con chicas… y arrasó. A los 11 años fue llamada a la sub-15 de México. A los 13 la convocaron a la selección mayor. A los 14 anotó ocho goles para calificar al Tri al Mundial femenil sub-20, siendo nombrada niña prodigio por la FIFA.

Quienes dudaron si se sobrepondría a una complicada cirugía a los 21 años, no tenían idea de los superpoderes de Charlyn. Regresó para convertirse en una delantera de época en la liga española. Su hermano George también haría gran carrera como profesional.

STEPHANY MAYOR

LA GENERALA

NACIÓ EL 23 DE SEPTIEMBRE DE 1991

JUGADORA DEL AÑO Y CAMPEONA DE GOLEO EN ISLANDIA EN 2017

TRES TÍTULOS DE LIGA CON TIGRES

MEDALLA DE PLATA EN UNIVERSIADA 2013 CON MÉXICO

Bastaba con que Fany driblara a algún niño para que desde fuera estallaran vergonzosos gritos de los padres a sus hijos: "tírala al piso", "pégale", "que una vieja no te haga eso".

Al lado, el entrenador, su tío Arturo, repetía una indicación: pasársela a la única mujer del equipo, esa chica de siete años imposible de amedrentar y que siempre marcaba diferencia.

Resistía fiel al ejemplo de su mamá, Sandra, habituada a resolver todo ante las prolongadas ausencias de su esposo por manejar un tráiler: no solo ocuparse de la familia exigiendo calificaciones y conducta perfectas, además continuar ella misma estudiando. Cada que Carlos bajaba del camión y volvía a esa casa en la colonia Providencia, contagiaba la pasión futbolera a sus cuatro hijas con quienes veía partidos sin límite.

La primogénita, Fany, llegaría hasta los 12 años jugando con puros hombres y vistiendo el 5 en homenaje a Zinedine Zidane. Cierto día, el maestro de educación física la mandó a un equipo femenil. Fany se sorprendió al encontrarse con futbolistas que rondaban los 30 años, aunque de ahí la canalizaron al Club Laguna, compuesto por niñas de su edad. Su brillo la llevó a la Olimpiada Nacional con la selección capitalina. Ya se disputara mil kilómetros al norte, en Tamaulipas, o mil al sureste, en Yucatán, toda su familia viajaría en una vieja camioneta para apoyarla.

No existía liga en México, pero Fany aseguraba que sería profesional. Contra lo inverosímil, disciplina y corazón. Tardes en las que pasaba horas en el metro para acudir a entrenar. Cuando el cansancio la instó a abandonar, su madre la exhortó a que no defraudara sus anhelos, que luchara. Para colmo, los torneos la obligaban a perder semanas de clase y le costaba no rezagarse en la secundaria.

A los 17 años, el Tri la convocó para el Mundial sub-20. Eso propició el primero de sus sueños: recibió una beca y la agradeció dando a la Universidad de las Américas dos campeonatos.

Su actuación en los Mundiales mayores 2011 y 2015 llamaron la atención del club islandés Thor/Ka. Luego de revisar en el mapa la ubicación de tan remota y exótica isla, emprendió el viaje sin imaginar que tendría que reinventarse. Le cambiaron la posición de la media a la delantera. Debió trabajar sesiones eternas de gimnasio para adaptarse a un futbol demasiado físico. Con los músculos temblando de tanta pesa, Fany se consagró como la mejor de ese país.

Recién nacida la Liga Mx femenil, en 2020 se incorporó a Tigres y siguió arrasando títulos. El Volcán se rindió a sus goles y la apodó la Generala.

GERMÁN SAÚL
SÁNCHEZ
SUEÑOS CIRCENSES

NACIÓ EL 24 DE JUNIO DE 1992
PLATA EN LONDRES 2012, CLAVADOS
SINCRONIZADOS PLATAFORMA
PLATA EN RÍO 2016, CLAVADOS PLATAFORMA
PLATA EN EL MUNDIAL DE KAZÁN 2015

El sueño de ser futbolista terminó para Germán al saber que sería papá. Emocionado e incierto, asumió que debía dejar al equipo de reservas profesionales de las Chivas para dedicarse a algo que garantizara ingresos. Trabajaría como profesor de educación física y entrenador infantil de futbol. Con el tiempo se resignaría a que a sus tres hijas no les atrajera el balompié.

Cuando pensaba que la familia ya estaba completa nació un niño al que quiso introducir al futbol, pero a ese pequeño, llamado como él, solo le interesaba jugar de portero… y eso para aventarse ajeno a la pelota.

Lo que apasionaba a Germán Saúl eran las piruetas y acrobacias, hipnotizado ante los circos que se instalaban en la explanada vecina a su casa en la colonia tapatía Parques Colón.

Agilidad que utilizaría alguna vez para huir del kínder, trepando por la malla ciclónica hasta alcanzar el otro lado. No modificaría esa sed de adrenalina ni, mucho menos, su llanto en la escuela. Su papá le planteó que si se comportaba en el colegio lo llevaría a ver entrenar a los luchadores que tanto admiraba por sus vuelos. Al presenciar llaves y hurracarranas, Saúl apuntó como siguiente meta convertirse en luchador.

En unas vacaciones en las playas de Tenacatita imaginó que una piedra era el ring de la Arena Coliseo y saltó al agua. Tan preciso en los movimientos y natural al entrar al mar que sus hermanas le apodaron Camarón. Talento que no pasó desapercibido para un entrenador de clava-dos cuando, unos años después, se encontraba en una clase de lucha y brincó en maromas.

Saúl aceptó cambiar de deporte al descubrir en un cuaderno la foto del clavadista Fernando Platas. Acudió a un selectivo, aunque al llegar tarde a inscribirse su padre suplicó que le dieran una oportunidad. Su clavado de prueba le permitió ser admitido con la advertencia de que quizá nunca lograría la calidad de chicos con años en esa disciplina.

En el equipo le llamaron Duva, porque usaba una gorra de la que se escapaba el copete, como el muñeco del dulce Duvalín. En cuanto a los clavados, en un año perfeccionó cinco de máxima dificultad, hazaña imposible para el resto, mas el camino resultó doloroso. La primera vez que se lanzó de la plataforma de diez metros cayó de panzazo y escupió sangre. Cualquiera hubiera desertado, pero no él.

A cinco años de haber comenzado en clavados, ya competía en Beijing 2008. Ocho años más y ya tenía dos medallas olímpicas, vuelos por los aires de Londres y Río de Janeiro que, acaso en su cabeza, eran desde la tercera cuerda o entre trapecios del circo.

JUAN TOSCANO ANDERSON

ORGULLOSO DE SUS RAÍCES

NACIÓ EL 10 DE ABRIL DE 1993

CAMPEÓN DE LA NATIONAL BASKETBALL ASSOCIATION (NBA) EN 2022

2 VECES CAMPEÓN DE LA LIGA NACIONAL DE BALONCESTO PROFESIONAL DE MÉXICO (LNBP) 2017 Y 2019

HA JUGADO CON WARRIORS, LAKERS Y JAZZ

Nadie podía imaginar el drama dentro de ese coche plateado que daba vueltas por Oakland. Por la noche, Patricia se abrazaba a una manta y dormía en el asiento del copiloto, mientras que atrás sus hijos se acurrucaban buscando conciliar el sueño.

Repentinamente, habían perdido todo. Su casa se incendió por una falla eléctrica, dejando en la ruina a esa madre soltera que con tanto esfuerzo e ilusión la adquirió. Por ello Juan, el segundo de cuatro hermanos, acudía al colegio con rostro de tristeza y hablaba con inaudible voz. Actitud que solo cambiaba, según descubrió su maestra Wilhelmina, una vez que jugaba baloncesto en el recreo, así que sugirió a su mamá integrarlo a un equipo de básquetbol.

Patricia aceptó al entender que la inscripción sería gratuita y, en especial, por la necesidad de alejar a Juan de esas calles en las que no faltaba el niño que lo amenazaba con navaja en mano. Por algo llamaban a su barrio la Zona Asesina, habiendo muerto varios de sus familiares cercanos en balaceras. De hecho, Juan recibió ese nombre en memoria de su tío ejecutado con arma de fuego.

A eso se añadía que, siendo hijos de padre afroamericano y madre mexicana, tanto un grupo como el otro lo rechazaban (entre burlas lo apodaban Chucho por ser hispano). Unas décadas antes, el abuelo Macario emigró a Estados Unidos desde el pueblo de Chavinda, Michoacán. Sueño americano pleno en pesadillas, aunque con máxima firmeza en seguir las costumbres mexicanas y comunicarse en español.

Juan no lo sabía, pero la maestra Wilhelmina era esposa de Al Attles, leyenda de la NBA y siempre con el consejo perfecto. El engranaje del destino se aceitaba para ese muchachito tan competitivo al tirar a canasta en la casa del abuelo.

A los 18 años llevó a la preparatoria Castro Valley al récord de victorias, lo que le permitió ir becado a Marquette en Milwaukee. Sin embargo, al terminar su etapa universitaria no fue elegido en el *draft* de la NBA.

Continuó su carrera en ligas menores. Jugó en Venezuela y Argentina, hasta que el México de sus ancestros detectó su talento y la historia dio un giro. Dos títulos con Fuerza Regia le pusieron en bandeja un gran contrato, mas prefirió viajar a Santa Cruz, California, a unas sesiones de prueba. Ahí se ganó al fin su sitio en la NBA, precisamente con Golden State en San Francisco, al otro lado de la bahía desde su conflictivo barrio en Oakland.

Portando el número 95, en recuerdo de la calle 95 en la que a golpes se crio, Juan Toscano Anderson se coronaría en la NBA con la espalda cubierta por la bandera mexicana.

ALICIA CERVANTES
LA DEPREDADORA

NACIÓ EL 24 DE ENERO DE 1994
MÁXIMA GOLEADORA MUNDIAL
EN 2021 CON 38 GOLES
CAMPEONA DE LIGA CON CHIVAS Y MONTERREY
GOLEADORA HISTÓRICA DE CHIVAS

No hacía falta una línea en el suelo para que los hijos de don Raúl recordaran la distancia a guardarse respecto al arcaico y ardiente horno.

La pequeña Licha acompañaba a su papá a la ladrillera y ayudaba en todo. Ante los primeros rayos de sol pisaba lodo, al apretar el calor formaba ladrillos con las manitas. Salía con brazos y espalda entumidos, aunque feliz por apoyar a esa familia de 19 hermanos de los que era la penúltima.

Vivían en San Ignacio Cerro Gordo, Jalisco, humilde hogar en el que se subsistía a base de frijoles y sopa. Los sábados resultaban especiales por dos motivos: al fin comer carne y la emoción de ver en acción al Guadalajara. Verlo estaba bien, mas no jugarlo y menos para una mujer. Cada que Licha se colaba en los partiditos de sus hermanos, María Sabina, su mamá, temía por su integridad física.

El estadio Jalisco, por entonces casa del Rebaño, les quedaba a 120 kilómetros, pero en su mente lucía como otro planeta, boletos incomprables para su precaria situación. El milagro llegó cuando su cuñada se convirtió en porrista de las Chivas y consiguió entradas. Esa noche Alicia dejaría maravillada el estadio, repitiéndose en la carretera de regreso una frase que ya no soltaría: "Seré la mejor delantera de México".

En la escuela comenzaron a apodarla Cabañas, por meter goles como ese futbolista, Salvador, y portar una diadema parecida a la del paraguayo. Goles que atraparon la atención de un equipo en Tepatitlán que le ofreció, a sus 11 años, 300 pesos por partido más el traslado. Sus padres se escandalizaron y, muy a regañadientes, autorizaron. Rompería redes con los tachones color rosa que uno de sus hermanos le enviara de EUA.

En la adolescencia la convocó la selección de Jalisco y conquistó una Olimpiada Nacional. Sin embargo, la necesidad de mayores ingresos la obligó a moverse ella también a la Unión Americana, donde se empleó como mesera en Texas. Entre cafés y hamburguesas pensaba en no abandonar sus anhelos, cuando supo que en México iniciaría la liga femenil.

Un entrenador que la había dirigido la invitó al Atlas. La etapa duró seis meses. Siendo una de las máximas goleadoras de la Liga Mx, rechazó un salario injusto y paró de jugar. Entonces Monterrey la repescó y fue campeona. Muy sincera, ante las cámaras, admitió que su corazón era chiva… y el Rebaño la contrató.

La vieja promesa que nadie quiso creer en San Ignacio Cerro Gordo se cumplió: Licha Cervantes se transformaría en la mejor delantera y con el escudo de sus sueños. Más de cien goles forjados en polvo de ladrillo rojiblanco.

ALEXA MORENO

AIR CACHANILLA

NACIÓ EL 8 DE AGOSTO DE 1994

BRONCE EN SALTO EN CAMPEONATO MUNDIAL 2018

CUARTO LUGAR EN SALTO EN OLÍMPICOS TOKIO 2020

ORO EN SALTO EN COPA MUNDIAL PARÍS 2023

Antes de que Yenderina y Octavio probaran su hamburguesa, percibieron un movimiento tras la ventana y brincaron en pánico: esa hija de tres años, a la que dejaron sentadita al columpio, escalaba con temeraria agilidad por las estructuras metálicas de los juegos.

Concluyeron que la traviesa Alexa necesitaba extraer su enorme energía. Pensaron en diversos deportes, más allá de las actividades de *scouts* que eran la pasión familiar. Papá propuso *ballet*, su madre respondió que requerían algo más intenso. Eligieron gimnasia, idónea además para la caliente Mexicali por ser bajo techo.

La niña no tardó en hartarse. Sufría al despegarse de mamá y le aburría seguir instrucciones. Le insistieron que al menos cursara los meses ya pagados. En esos días, que suponían su despedida de la gimnasia, notó las acrobacias de las chicas mayores y se convenció de continuar hasta lograrlas.

Creció en edad y también en competitividad. Competitiva al acampar con sus padres, se obligaba a armar la mejor casa de campaña en tiempo récord. Competitiva en el deporte. No es que no supiera perder, es que se empeñaba en hacer todo para ganar: disciplina, autocrítica, resistencia al dolor. Guiada por una frase de los *manga* que devoraba: "Si no luchas por lo que quieres, no llores por lo que pierdes", como clama *My Hero Academia*.

Pese a la falta de apoyos, su entrenador, Eduardo, la llevó a practicar a Estados Unidos y mejoró al instante. A los 15 años conquistó los Centroamericanos, pero su debut en ese 2010 en un Mundial se trastocó por una aparatosa caída en el calentamiento. Entonces llegó un certamen en Texas en el que escuchó que la multimedallista en Atenas 2004, Carly Patterson, premiaría a la campeona. No desaprovecharía la ocasión de conocerla. Se colgó el oro.

La decisión más complicada fue mudarse a entrenar a Tijuana para concentrarse en Río 2016. Sin embargo, en vez de aplaudir su inmenso mérito de ser olímpica, las redes la criticaron con absurda maldad por su físico. Solo alguien con su fuerza y entereza podía levantarse. Dos años después subía al podio en pleno Mundial y se lanzaba rumbo a Tokio 2020.

Un proceso en el que, por si no bastara la incertidumbre de la posposición por pandemia, se sobrepuso a lesiones que habrían retirado a la mayoría. En sus segundos Juegos Olímpicos rozaría la medalla en salto, una de las actuaciones individuales más memorables de México en la historia.

La chica a la que se atrevieron a ningunear izó nuestra bandera en donde jamás figuró. Intrépida de niña para escalar y de joven para romper paradigmas.

ALEJANDRA VALENCIA

FLECHAS DEL DESIERTO

NACIÓ EL 17 DE OCTUBRE DE 1994
MEDALLA DE BRONCE EN TOKIO 2020
4 MEDALLAS EN MUNDIALES (2017-2023)
9 MEDALLAS EN PANAMERICANOS (2011-2023)

Los misterios del desierto eran explorados a diario por esos niños en Hermosillo. Entre mezquites y cactus los sustos resultaban habituales; alguna vez, en el cerro, para huir de un toro que pretendía embestirlos; otra, porque una serpiente de cascabel trepó rauda a su ubicación.

Hasta para esas aventuras Ale se obligaba a ser la mejor. La que escalara a la rama más alta, la más rápida y valiente. Competitiva a cada paso, ya fuera al lograr la mayor calificación (lloraba al promediar 9.9) o imponerse en todo deporte en el colegio.

Su profesor de educación física sugirió a su madre, Elizabeth, llevarla a entrenar al Centro de Usos Múltiples (CUM). Algo veía de fibra atlética, algo más de mentalidad, en esa chica que, al jugar futbol en el recreo, se colocaba como portera o defensa por su notable estatura.

Cierto día recorría el CUM en bicicleta cuando derrapó su hermana menor, Margarita, y en la caída se abrió la rodilla. Necesitada de ayuda, Ale se dirigió al primer punto en el que vio gente, nada menos que donde se practicaba tiro con arco. Una mirada bastó para olvidarse de que buscaba un botiquín. A los nueve años decidió que ese era su deporte.

En casa le explicaron con pesar que no podían comprarle tan costoso equipo. De por sí había jornadas en que los Valencia solo tenían para frijoles. A la mañana siguiente, su padre, Ramón, le dio la gran noticia: en el mismo CUM le prestarían los implementos.

De entrada, le pidieron que lanzara unas flechas desde tres metros. Al cabo de unas semanas las acertó y la retrasaron más y más. Representaba el paraíso para Ale: desafío permanente.

Un año más tarde participó en la Olimpiada Juvenil celebrada en su tierra, Sonora. Poco después, en otra edición de ese evento, fue medallista y quedó marcada como promesa nacional. Así llegó a los Panamericanos de 2011 y con 17 años, contra todo pronóstico, se coronó.

La carga de entrenamientos multiplicaría. Con ardor se descubría en los dedos callos sobre los callos. El brazo punzando al rebotarse una flecha. La frustración de sus primeros Juegos Olímpicos en 2012, eliminada casi de inmediato. O en sus segundos, Río 2016, perdiendo el duelo por el bronce sin que su entrenador estuviese ahí, absurdamente no se pagó su viaje. A la par, tocaba el violín y hallaba en el dominio de esa otra tensa cuerda una vía para mayor precisión de manos.

En Tokio 2020, a 18 años de su fortuito arribo a la arquería, al fin cumplió su meta. Impasible y poderosa, como Sahuaro, planta del desierto que nada necesita y a todo se sobrepone, Alejandra subía al podio.

RANDY
AROZARENA
EL COHETE CON BAT

NACIÓ EL 28 DE FEBRERO DE 1995
NOVATO DEL AÑO LIGA AMERICANA EN 2021
ELEGIDO PARA JUEGO DE ESTRELLAS EN 2023
TERCER LUGAR CON MÉXICO EN
CLÁSICO MUNDIAL 2023

Costaba entender cómo esos niños lograban ver la pelota en semejante penumbra. Enésimo apagón, desde hacía horas no había luz en el pueblo cubano de Arroyos de Mantua y la luna fungía como único faro sobre esas piedras que marcaban las porterías. En el festejo de otro golazo, Randy pensaba cómo se lo describiría a Jesús, su papá, exportero del que heredara la pasión futbolera.

Siendo el mayor de tres hermanos, siempre se sintió responsable por ayudar a su hogar con algo de comida. Mientras lanzaba el anzuelo al agua e intentaba pescar, nada sabía del país escondido al otro lado del mar. Misterio que resolvió al asumir que del futbol no viviría y lo cambió por beisbol. Viajó a una gira a La Habana, a casi 300 kilómetros de casa, y escuchó con asombro que le llamaban "mexicano", por venir del extremo occidental de Cuba, lo más cercano posible a Cancún.

Llegaron a excluirlo del equipo escolar por lucir muy flaquito, pero su disciplina y mentalidad obligaron a los mánager a reconsiderar. Se consolidó como promesa. Con la selección juvenil cubana consiguió el tercer lugar en el Mundial sub-18.

Cierta tarde de 2014 todo se torció. Estaba por salir al estadio para un partido, cuando le informaron que su padre enfermó. No dimensionó la gravedad hasta entrar al parque. Con angustia le dijeron que había sido llevado de urgencia al hospital. Esa noche su papá murió.

Le dolió volver al deporte ahora que ya no podría narrar sus hazañas a Jesús. Se levantó al comprender que necesitaba sacar adelante a sus hermanos.

Por esos días empezó el acoso de la policía. Lo espiaban. Le impedían que siquiera se acercara al malecón para que no escapara de Cuba. Lo bloquearon de la Serie del Caribe en Puerto Rico para evitar que desertara.

Tanto presionaron a quien jamás pensó en irse que en 2016 se fue. Avisó a su madre con murmullos que partiría y a la medianoche subió en máximo secreto a una lancha. Al cabo de ocho horas en las que lo sacudieron olas de seis metros y temió morir, desembarcaba en México. Se juró amar a la tierra que lo recibió.

Entrenó en Mérida tres meses. Jugó en Tecate, Tijuana y Navojoa. Fue líder de robos de base y bateo, hasta que los St. Luis Cardinals lo detectaron.

En 2019 debutaba en las Grandes Ligas e iniciaba trámites para convertirse en mexicano. Brillaría representando al país que, sin saberlo de niño en Arroyos de Mantua, le quedaba al otro lado del mar. Desde México o Tampa, con su pose de brazos cruzados tras un espectacular *out*, dedicó todo al papá al que con tanta emoción presumiera sus goles en la oscuridad.

HIRVING RODRIGO
LOZANO
EL CHUCKY

NACIÓ EL 30 DE JULIO DE 1995

GANADOR DE SERIE A Y COPPA
ITALIA CON NÁPOLES

CAMPEÓN EN TODOS LOS EQUIPOS
EN LOS QUE HA JUGADO

MUNDIALISTA EN RUSIA 2018 Y QATAR 2022

Tres veces repitió el ritual en pocas horas. Primero jugó en el equipo de diez años y Ro anotó triplete para ganar la final. Comenzó el partido categoría 11 años y el mismo niño ingresó como relevo para meter otros tres. Todavía celebraba su segundo trofeo cuando volvieron a llamarle para el duelo de los chicos de 12 años que perdían e, insaciable, con su doblete los coronó.

En ese torneo entre filiales del Pachuca lo registraron como Hirving, guiados por su primer nombre, pero en casa siempre le dijeron Rodrigo.

Vivía en la sureña avenida del Imán, lo que representaba asomar a diario a la icónica fachada del Estadio Azteca y soñar con jugar ahí. Desparpajo con y sin pelota, era demasiado travieso. En cierta ocasión uno de sus hermanos mayores trepó al techo a rescatarlo porque Rodri pretendía descender con un improvisado y maltrecho rapel.

De manera permanente vestía el uniforme del Guadalajara (hasta le apodaban Chivita), que le regalaron en algún Día de Reyes. Eso y sus infaltables zapatos de futbol. En el Instituto México se conocía su calidad, aunque también su competitividad.

Al perder una semifinal por fallar su penal, Ro salió corriendo de la cancha y por un enorme rato no paró de llorar. Se obligó a practicar más. En la escuela o en la calle. Con un entrenador que le ponía ejercicios en el parque o con su papá, Jesús, arquitecto que en su juventud entrenara con el Atlante.

Luego de sus goles en tres finales en una sola tarde, la selección de Hidalgo lo convocó para la Olimpiada Nacional 2007, pese a ser capitalino. Su título de goleo lo hizo campeón y despertó el interés de varias fuerzas básicas, mas el Pachuca insistió como nadie. Cuando Rodri escuchó que pedían permiso a su padre para llevarlo a una gira por Japón, jaló su pantalón hasta recibir el sí. Eso implicó dejar su hogar a los 11 años y mudarse a la cantera tuza.

Transcurrieron meses difíciles. Llamaba en llanto a su madre, Ana María, cuyos guisados añoraba tanto como la presencia de sus tres hermanos. Casi lo expulsan del Pachuca por su férreo carácter. Ahí nació su profunda amistad con Érick Gutiérrez y también el apodo Chucky, por esconderse para asustar a sus compañeros.

A los 18 años debutaría en el Azteca, a pocos metros de la casa en la que creció. El Pachuca visitaba al América y Enrique Meza le indicó que entraría. A los cinco minutos metió el gol de la victoria. Cuatro años después anotaba con la selección mexicana a Alemania en pleno Mundial. Para entonces lo de Chucky ya era cantado por decenas de miles de gargantas tricolores.

ALEJANDRA OROZCO

MEDALLISTA CON DOS CUERPOS

NACIÓ EL 19 DE ABRIL DE 1997

PLATA EN LONDRES 2012 EN SINCRONIZADOS PLATAFORMA

BRONCE EN TOKIO 2020 EN SINCRONIZADOS PLATAFORMA

CINCO MEDALLAS EN JUEGOS PANAMERICANOS

En las calles de la colonia Ciudad Granja de Zapopan, Ale esperaba ansiosa a que su vecina regresara de clases de gimnasia. Una vez de vuelta, le suplicaba mostrar cada movimiento para replicarlo. Ruedas de carro y flexiones que dominaba de inmediato ante la desazón de esa otra niña que por varios días fracasaba en su ejecución.

Lo que seguía eran súplicas a mamá para que la llevara a una academia de gimnasia. Algo complicado por el precio, pero también porque la prioridad en su casa era la educación, que sus dos hijos (siendo Ale la menor) se centraran en el estudio.

Finalmente, a los ocho años la inscribieron en el Consejo Estatal para el Fomento Deportivo (CODE), ubicado en el otro extremo del área metropolitana tapatía. Más de una hora en transporte público, con transbordo, que terminaría por ser diaria. Porque pronto descubrió un deporte que se le figuró como gimnasia en el aire. Por curiosidad se trepó a la plataforma más alta y, sin miedo, voló al agua. Pasaría todas sus tardes dividida entre dos disciplinas hasta que a los 11 años decidió enfocarse ya nada más en clavados.

Intensa y entregada, junto a esa piscina resolvía problemas matemáticos y hacía tareas, comía y casi vivía. Sus compañeros la apodaron Changuita… y, siempre risueña, como changuita no se cansaba de las acrobacias.

A los 11 años observó a Paola Espinosa ganar medalla en Beijing 2008 y, visualizándose con esa gloria, empezó a analizar videos de las mejores clavadistas en búsqueda de perfección. Un año después pedía una foto a la propia Pao sin sospechar lo que el destino le preparaba.

Todavía en los Panamericanos de Guadalajara en 2011, con 14 años, participó como voluntaria, distribuyendo papeles, apoyando a los atletas. Por concluir esa justa, la invitaron a una prueba en la Ciudad de México: querían verla lanzarse en sincronizados al lado de Espinosa. Como si se tratara de una maroma ante su vecina en plena calle, lo realizó convencida y recibió la responsabilidad de ser dupla de Paola en Londres 2012.

A escasos ocho meses de haber sido voluntaria, se colgaba una plata olímpica, aunque iniciaba un desafío mayor, porque su cuerpo cambiaba sin remedio. Subía de peso, crecía, perdía el control de sus piernas, deseaba volver en el tiempo. Río 2016 fue un desastre que la asomó al retiro, a repeler si escuchaba la palabra clavados.

Entonces trabajó la parte mental tanto como había hecho con la física con sus cien clavados al día. La nueva Ale se aceptó a sí misma y emergió fortalecida. Mérito imposible de magnificar, en Tokio conquistaría su segunda medalla con su segundo cuerpo.

DIANA FLORES
CAZADORA DE TOCHDOWNS

NACIÓ EL 28 DE SEPTIEMBRE DE 1997

CAMPEONA MUNDIAL DE FLAG FOOTBALL EN 2022

CUATRO PASES DE ANOTACIÓN EN
LA FINAL DEL MUNDIAL

COORDINADORA OFENSIVA EN EL
PRO BOWL DE LA NFL EN 2023

A cada trazo sobre el libro de colorear, Josefina temía lo peor. Bastaba con que la pequeña Diana se saliera un poco del contorno para que arrancara la hoja, la apretara en un puño y estallara en llanto. Ya podía decirle a mamá lo bien que pintaba, la nena se obligaba a la perfección.

Así siguió exigiéndose al comenzar con clases de *ballet*, solo que, siendo tan inquieta, se aburría.

Por las tardes esperaba a que regresara su papá, Jaime, para jugar con él en un camellón por el Casco de Santo Tomás. Cierto día caminaron hasta las canchas de los Búhos del IPN y se sentaron a observar a un equipo femenil de tocho bandera. Mientras la niña se maravillaba con la intensidad del deporte y con palabras de fantasía como *touchdown*, su padre le explicó que de joven practicó futbol americano en el Poli. Tanta emoción atrajo a Julio Ocaña, *coach* que le propuso acudir a entrenar y nada más que eso… ni hablar a sus ocho años de dejarla competir entre muchachas que le doblaban peso y edad.

Luego de dos meses, sin embargo, el *coach* la sorprendió al darle entrada a su primer partido en una conversión de dos puntos. Se suponía que el ovoide no debía buscar a esa pulga, mas, cual magneto, se dirigió a ella. Diana lo atrapó y con su mini zancada aceleró hasta las diagonales. Sus compañeras notaron su ausencia al festejar. Aferrada al enorme balón, la chiquitina continuaba corriendo afuera, entre espectadores, irrefrenable. Todavía no comprendía las reglas y ya triunfaba.

Decidida a ser mariscal de campo, trabajó en su movilidad para que sus pases eludieran a rivales medio metro más altas. Ejercitó su brazo para dibujar en el aire los trazos perfectos que se exigía en su infancia. En casa, al curarle dedos moreteados, le repetían un mensaje: "Sin miedo. Eres poderosa".

Una preparatoria de Filadelfia la invitó a disputar un torneo regional y fue campeona. Volvió a México para ganarse su sitio en el Mundial de 2014 en Italia, pero a poco de viajar se lesionó. Contra lo que se pensaba y resistiendo el punzante tobillo, se convirtió en la chica más joven que hubiese participado en el evento, además accediendo hasta semifinales.

En 2021, ya como *quarterback* titular, guio a México al subcampeonato y, unos meses después, a la coronación en los Juegos Mundiales con victoria sobre EUA en la final.

En 2023 alcanzó dos hitos inimaginables: ser coordinadora ofensiva en el Pro Bowl de la NFL al lado del legendario Peyton Manning; aparecer en un anuncio en pleno Super Bowl, representando al *flag football*. Las flechas de esta diosa de la caza fueron ovoides.

EDSON ÁLVAREZ
EL MACHÍN

NACIÓ EL 24 DE OCTUBRE DE 1997
CAMPEÓN DE LA EREDIVISIE
CON AJAX (2021 Y 2022)
DOS COPAS ORO CON MÉXICO (2019 Y 2023)
CAMPEÓN DE LIGA MX CON AMÉRICA (2018)

Dos sueños se gestaban a la par en esa casa del barrio de San Rafael en Tlalnepantla. En la parte baja avanzaba el embarazo de Adriana, en la alta se montaba un taller de costura. La confección de los primeros uniformes de futbol coincidiría con el nacimiento del bebé.

Le llamaron Edson por la devoción de Evaristo, su padre, hacia Pelé, como a su hermano mayor le habían llamado César por Julio César Chávez. Niños que preferían jugar futbol que seguirlo en el televisor, imposible retenerlos bajo techo. Partiditos que su papá, quien llegara a tercera división, veía con la ilusión de que uno de sus hijos completara su misión de ser estrella del futbol.

Sin importar el tamaño del rival o desafío, Edson nunca se amilanaba, por eso César lo apodó Machín. A cada noche aparecía con huellas de sus barridas: sangre, moretones, golpes, su mamá se sorprendía de que resultara más riesgoso tenerlo afuera pateando una pelota, que adentro entre peligrosas máquinas de coser.

Familia muy unida que sufriría una triste y repentina separación. A los diez años admitieron a Edson en las fuerzas básicas del Pachuca. Tan pequeño viviría lejos de su hogar, urgido del abrazo de los suyos. Apenas visitaría a sus padres en fin de semana, para volver los lunes a las cuatro de la madrugada.

No tardó en convertirse en capitán y goleador de su equipo, pero al paso del tiempo se hartó de ser molestado por los demás chicos. Para colmo, su estatura continuaba siendo reducida, lo que propició que a los 14 años lo dieran de baja. Regresó sin ganas de seguir en el futbol por mucho que en los recreos de su colegio arrasara.

A los 16 años su cuerpo empezó a crecer a tal ritmo que requería inyecciones para el dolor de rodillas. El chaparrito se transformó en gigante.

Cierto día, un entrenador que lo dirigió en Pachuca le avisó que le consiguió una prueba en Cruz Azul. Edson anotó dos goles y fue aceptado de inmediato para euforia de Evaristo, cementero, aunque no contaba con la respuesta del joven. Edson le explicó que eso había sido muy fácil, que deseaba un reto mayor. A la mañana siguiente se presentó en el América, donde se mostraría un mes hasta saber que se quedaba.

A diario atravesaría la ciudad dos horas entre metrobús, 30 estaciones de metro y camiones, destinando su sueldo a traslados.

En 2016, reconvertido en central y medio de contención, Ricardo La Volpe lo debutaba en primera y dos años después iba a Rusia 2018. El taller que cosía uniformes para futbol de barrio recibiría pedidos de casacas de equipos europeos –Ajax, West Ham– con su apellido a la espalda.

DONOVAN
CARRILLO
CONTRA TODO

NACIÓ EL 17 DE NOVIEMBRE DE 1999

FINALISTA EN PATINAJE ARTÍSTICO EN LOS JUEGOS OLÍMPICOS BEIJING 2022

MAYOR PUNTACIÓN MEXICANA DE LA HISTORIA

PLATA EN EL PHILADELPHIA SUMMER INTERNATIONAL 2019

No importaba cuánto lo intentara, los demás niños jugaban futbol mejor que Donovan, frustrado por querer llegar al Atlas como su ídolo Andrés Guardado.

Siendo sus padres maestros de educación física, se crio respirando deporte, pero con talento para clavados (competiría en Olimpiada Nacional) y gimnasia (experto en barras paralelas).

Sin embargo, la angustia era otra. Con nueve años no parecía ni siquiera de cinco, rezago en estatura que lo obligó a tratarse con hormona de crecimiento.

Por vivir en Tlaquepaque, Diana, su madre, no siempre podía llevarlo a sus clases de gimnasia y el niño esperaba, aburrido ante la pista de hielo, a que su hermana patinara. En ese fastidio daba piruetas con las que atrapó la mirada del entrenador, Goyo. Esa plasticidad, le dijo, lucía idónea para el patinaje. El azar se ocuparía del resto: a Donovan le gustaba una chica que patinaba, así que para enamorarla se lanzó a la aventura del hielo.

Cierto día descubrió unos patines usados en un tianguis y rogó a su papá que se los comprara. Aunque le quedaban gigantes y eran de mujer un zapatero los repintó, y con ellos comenzaría el camino.

Durante los Juegos Olímpicos de 2010, la rutina de Evan Lysacek lo cautivó tanto como para asegurar que él lograría algo por entonces inimaginable: representar a México en ese evento. Dejó en definitiva gimnasia y clavados. Se entregó al máximo patinando. Tomó lecciones de *ballet* para elevar en estética, con la maestra sorprendida con su potencial y deseando convertirlo en bailarín. De repente, una noticia lo devastó. La única pista de hielo en Guadalajara amanecía rodeada por policías y anunciaba su cierre.

Desempleado, Goyo informaba que se iría a entrenar a León. Sus alumnos lo lamentaron, mas solo Donovan planteó a sus padres una idea disparatada: mudarse con él para seguir patinando. Decisión dura, con 13 años se lo permitieron.

A 220 kilómetros de casa, llorando cada noche por nostalgia, aprendió a lavar su ropa, a ganar dinero, a cocinar, pero ni por mucho la deliciosa birria de mamá. En León patinaría hasta cinco horas diarias y de sol a sol en fin de semana.

Sus papás ahorraban lo indecible para mandarlo a competencias y durante varios años apenas pudo viajar a dos. Rifaban celulares, vendían tazas, se endeudaban.

Además, oídos sordos a quienes aseveraban que ese no era deporte para un hombre. El propio Donovan ni siquiera se inmutaba por las críticas al ser visto en mallones.

En Beijing 2022 cumplió la promesa: llevó la bandera mexicana a Olímpicos e incluso fue finalista. Triunfo por el sacrificio de toda una familia.

SANTIAGO GIMÉNEZ

GENÉTICA DE GOL

Una ciudad bajo el agua, ese día de mayo de 2003 Santa Fe, Argentina, amaneció inundada. El río Salado desbordaba salvaje y las calles lucían como canales. El estadio del club Unión parecía una colosal piscina. Ahí jugaba Christian "Chaco" Giménez, quien al despertar con el agua creciendo por su casa, corrió con su esposa Bernarda a sacar de la cuna a su hijo de dos años, Santi. Tan pequeño, ese bebé ya era un maestro en subsistencia.

Un año después, Chaco se debatía entre ofertas de España, Portugal y México. Aceptó la del Veracruz sin sospechar que Santiago se criaría como mexicano y aprendería a hablar con acento mexicano.

El niño comenzó a acompañar a su papá a los entrenamientos. Tranquilo, noble, adoptado por el plantel como mascota, remataba incansable a portería sin siquiera hacer ruido. Tanto se concentraba en patear la pelota que una mañana no notó cómo una fila de hormigas gigantes escalaba por su cuerpecito hasta llenarle de piquetes cabeza y cara.

Para cuando cumplió cuatro años le tocó mudarse a la capital. Santi, para ese momento llamado Bebote, fue inscrito en el infantil del América, iniciando un camino futbolístico que continuaría en Pachuca en 2006.

Destacaba por su altura y golpeo de balón, pero lo más curioso era la emoción de ese hijo de argentinos al cantar el himno mexicano. A los nueve años, ahora en las inferiores de Cruz Azul, coqueteó con ser portero o defensa, aunque asumió que lo suyo consistía en meter goles. En casa competía con su papá en fut-tenis hasta que su madre casi tenía que confiscarles la pelota para que se sentaran a comer. Imposible imaginar que muy pronto entrenarían juntos, ya no en su jardín y en dinámica familiar, sino como profesionales.

A los 16 años lo subieron al primer equipo cementero y debutó en torneo de copa. Lejos de pesarle ser hijo del capitán, Santi lo utilizaba como motivación. No se intimidaba ni al enfrentar a marcadores que le doblaban la edad.

Todo fue ilusión hasta que una mañana sintió el brazo adolorido. En el hospital le detectaron una delicada trombosis en el hombro. No solo peligraba su carrera, sino su vida misma. De entrada, el muchacho se preguntaba por qué a él. Transcurridos unos días se armó de una fuerza y fe que nadie le conocía, asegurando que había recibido una nueva oportunidad y la aprovecharía.

Requirió tres cirugías y más de seis meses para volver a las canchas, el bebé que escapó a la inundación escaparía como Bebote a semejante susto. No tardaría en fichar por el equipo Feyenoord de Rotterdam. Ahí destrozaría numerosos registros goleadores.

100,GLORIAS DE
MEXICO

ALBERTO LATI

Nació en la Ciudad de México en 1978. Es periodista y conductor de televisión, viajero y escritor, políglota y conferencista. Durante sus casi 30 años de trayectoria ha entrevistado a los mejores deportistas de la historia, así como a mandatarios, activistas, músicos, actores, íconos culturales y ganadores de Premios Nobel. Ha cubierto seis Copas del Mundo de futbol y cinco Juegos Olímpicos de verano, lo mismo que finales de Champions League, Serie Mundial, Super Bowl y los eventos deportivos más importantes.

En 2013 publicó *Latitudes. Crónica, viaje y balón,* reeditado como bestseller en 2016 (Debolsillo), al que añadió su novela *Aquí, Borya* en 2018 (Grijalbo), *100 genios del balón* en 2019 (Ediciones B), *100 dioses del Olimpo* en 2020 (Ediciones B), el libro digital *20 pelotazos de esperanza en tiempos de crisis* durante la pandemia (Ediciones B) y *Genios de Qatar* en 2022 (Ediciones B). Tras explorar en sus libros anteriores la infancia de los mejores futbolistas y atletas de todos los tiempos, en este volumen lo hace con esos mexicanos que en su niñez soñaron con brillar a nivel mundial y escribir su nombre entre los mayores orgullos del planeta… y lo cumplieron. ●

ÍNDICE